파리를 이해하는 아주 특별한 안내서

PARIS

도미니크 푸펠 글
발레리 르블랑 그림
김미리 옮김

차례

파리, 2000년 이상의 역사 4

1. 루브르 박물관 (1구) 10
2. 튈르리 (1구) 12
3. 레알 (1구) 14
4. 성 위스타슈 성당 (1구) 16
5. 증권 거래소 (1구) 18
6. 팔레 루아얄 (1구) 20
7. 코메디 프랑세즈 (1구) 22
8. 법원 (1구) 24
9. 콩시에르주리 (1구) 26
10. 생트 샤펠 (1구) 28
11. 퐁 뇌프 (1구) 30
12. 퐁 루아얄 (1구) 32
13. 방돔 광장 (1구) 34
14. 샤틀레 광장 (1구) 36
15. 팔레 브로니아르 (2구) 38
16. 레퓌블리크 광장 (3구) 40
17. 국립 공예원 (3구) 42
18. 사원 지구 (3구) 44
19. 카르나발레 박물관 (3구) 46
20. 오텔 드 클리송 (3구) 48
21. 시청 (4구) 50
22. 시청사 상가(바자르 드 오텔 드 빌) (4구) 52
23. 생자크 탑 (4구) 54
24. 보주 광장 (4구) 56
25. 노트르담 (4구) 58
26. 파리 시립 병원 오텔 디외 (4구) 60
27. 퐁 마리 (4구) 62
28. 팡테옹 (5구) 64
29. 소르본 (5구) 66
30. 클뤼니 온천장 (5구) 68
31. 퐁 생 미셸 (5구) 70
32. 모베르 광장 (5구) 72
33. 생 베르나르 부두 (5구) 74
34. 파리 식물원 (5구) 76
35. 생 제르망 데 프레 (6구) 78
36. 뤽상부르 공원 (6구) 80
37. 프랑스 학술원 (6구) 82
38. 에콜 데 보자르 (6구) 84
39. 파리 의과대학 (6구) 86
40. 피티에 살페트리에르 병원 (6구) 88
41. 에펠탑 (7구) 90
42. 샹 드 마르스 (7구) 92
43. 앵발리드 (7구) 94
44. 부르봉 궁전 (7구) 96
45. 르 봉 마르셰 (7구) 98

46. 오르세역 (7구)	100	67. 당페르 로슈로 광장 (14구)	142
47. 샹젤리제 (8구)	102	68. 인터내셔널 유니버시티 시테 (14구)	144
48. 엘리제궁 (8구)	104		
49. 콩코드 광장 (8구)	106	69. 몽수리 공원 (14구)	146
50. 그랑 팔레 (8구)	108	70. 트로카데로 궁전 (16구)	148
51. 프티 팔레 (8구)	110		
52. 알렉상드르 3세 다리 (8구)	112	71. 불로뉴 숲 (16구)	150
		72. 사크뢰 쾨르 성당 (18구)	152
53. 바토 무슈 (8구)	114		
54. 마들렌 성당 (8구)	116	73. 몽마르트르 (18구)	154
55. 몽소 공원 (8구)	118	74. 물랭 드 라 갈레트 (18구)	156
56. 개선문 (8구)	120		
57. 오페라 가르니에 (9구)	122	75. 뷔트 쇼몽 공원 (19구)	158
		76. 페르 라 셰즈 묘지 (20구)	160
58. 그랑 불바르(대로) (9구)	124		
		77. 메닐 몽탕 (20구)	162
59. 프렝탕 백화점 (9구)	126		
60. 포르트 생 마르탱 (10구)	128	파리 지하철	164
		파리 구획	166
61. 포르트 생 드니 (10구)	130	파리 연대기	169
62. 바스티유 광장 (10구)	132	장소 색인	172
63. 리옹역 (12구)	134	찾아가기	174
64. 나시옹 광장 (12구)	136		
65. 고블랭 제조 공장 (13구)	138		
66. 뷔트 오 카유 (13구)	140		

파리, 2000년이 넘는 역사

'파리'라는 도시가 언제 세워졌는지는 명확하게 말하기 어렵다. 하지만 대부분 '파리시Parisii'라는 갈리아족과 관련 있다는 주장을 인정하는 듯하다. 그들은 당시에 지금의 파리를 '루투셰지', 즉 '물 한가운데 있는 주거지'라고 불렀다. 이런 이름은 아마도 그 종족이 센강 안에 있는 시테섬에서 살고 있었음을 암시하는 것 같다. 고대부터는 역사적 사실이 명확해진다. 기원전 53년, 라비에누스가 지휘하는 줄리어스 시저의 군대는 파리시를 포위하고 불을 지른 뒤에 정복 군대를 입성시켰다. 이 사건은 로마인들에게 더없이 좋은 기회였고, 그들은 곧바로 '루테티아'라고 명명한 갈로-로마 도시를 건설했다. 이 새로운 도시는 강은 물론 육로 교통의 중요한 교차로에 위치해서 발전에 필요한 모든 조건을 갖추고 있었다. 처음에는 생트주느비에브산 기슭의 강 좌안을 차지하고 있었고, 오늘날에도 희귀한 갈로-로맹 유적을 찾아볼 수 있다. 뱃사람이나 물장수는 파리에서 가장 강력한 길드를 형성했고, 중세 시대 내내 그 명성을 유지했다. 그래서 이들의 상징인 배는 파리의 문장紋章에서도 찾아볼 수 있고, 그 이미지는 수 세기에 걸쳐 발전해왔다. 1853년 공식화된 파리의 모토, *Fluctuat nec mergitur**도 이들에게서 유래했다.

* 떠다니지만 가라앉지 않는다.

수도로 승격

300년경, 이미 철저하게 기독교화된 루테티아는 갈리아 설립자의 파리를 떠올리게 하는 이름으로 불리게 되었다. 루테티아는 끊임없이 도발하는 침략 세력을 격퇴해야 했다. 그중 가장 끔찍하고 악명 높은 전투는 451년 아틸라가 이끄는 훈족이 도시 성문까지 쳐들어왔을 때 벌어졌다. 그러나 명망 있는 프랑크족 세베루스의 딸은 주민을 설득해서 성을 버리고 달아나지 않게 했다. 이런 상황에서 아틸라도 파리를 공격하지 않았다. 파리를 구한 용감한 이 기독교인 여성은 파리의 수호성인 생트 주느비에브가 되었다. 30년 후에도 그녀는 도시를 포위 공격한 클로비스에 맞서 주민과 함께 저항했다. 프랑크족의 왕은 496년 가톨릭으로 개종하는 대가를 치르고서야 마침내 파리를 장악했다. 그리고 파리를 프랑크 왕국의 수도로 삼았다. 그 후 모든 일상적 활동은 시테섬 주변에 집중되었다. 9세기, 저 유명한 샤를마뉴(카롤루스) 대제를 낳은 카롤링거 왕조가 통치하던 9세기에 노르만족이 침략하자 주민은 갈로-로만 성벽 뒤로 피신해야 했고, 파리 인구는 감소하기 시작했다. 파리는 10세기 초 파리 백작 위그 카페가 프랑스 왕이 되면서 다시 활기를 되찾았다. 그의 후손인 카페 왕가는 14세기까지 시테 왕궁을 건설해서 거주지로 삼았다. 하지만 1112년이 되어서야 오를레앙 대신에 파리를 수도로 정할 수 있었다.

중세 파리의 흥망성쇠

중세 시대에 파리는 다시 한 번 좌안으로 확장되었다. 활기 넘치는 대학생들이 생트 주느비에브산 주변으로 몰려들었고, 이때부터 이 지역은 '라탱 지구'라는 이름으로 불리게 되었다. 11세기 말, 필립 오귀스트 왕은 센강 우안에 루브르궁을 건설하고 성벽도 세우게 했다. 하지만 마을이 늘어나고 지역이 확대되자, 샤를 5세는 1356년부터 이 성벽을 확장해야 했다. 안타깝게도 14세기와 15세기는 기근과 전염병, 백년전쟁으로 인한 폐허 등 파리 시민에게 많은 불행을 안겨주었다. 폭동이 일어나고, 인구도 크게 줄었다. 왕들은 피 흘린 파리를 버리고 루아르 지역으로 가버렸다. 그러다가 1527년 프랑수아 1세는 파리로 돌아왔다. 예술 애호가였던 그는 수도를 아름답게 장식했다. 하지만 이런 발전도 종교 전쟁으로 인해 지체되었다. 하지만 1589년 부르봉 왕가의 첫 번째 왕인 앙리 4세가 즉위하면서 파리는 다시 부흥하게 되었다.

정치적·예술적 완성

17세기부터 파리는 비약적으로 확장되고 건설되었다. 왕들은 루브르 박물관을 확장했고 교회, 행정 건물, 기념물을 건축했다. 게다가 귀족과 부르주아도 개인 저택을 짓는 등 왕만이 수도의 모습을 바꾼 것은 아니었다. 사회 계층에 따른 구역의 분화도 더욱 진전

되었다. 루이 14세 치세에는 샤를 5세가 건축했던 요새가 철거되어 여흥을 즐기려는 군중이 거니는 대로로 변했다. 루이 15세 치세 파리는 철학자와 예술가들이 모이는 지적인 중심지가 되었다. 그러는 동안 서민 거주 지역에서는 불만이 쌓여가고 있었다. 프랑스 대혁명의 주요 사건들이 파리에서 일어났지만 도시에 큰 피해나 주목할 만한 변화를 남기지는 않았다. 제1공화국이 들어서면서 파리에는 시장이 선출되었고, 나치 독일 점령기를 제외하고 다시는 잃지 않았던 정치적 수도로서의 역할을 회복했다. 정치적 안정은 19세기 프랑스의 특징이 아니었다! 제국, 왕정복고, 공화정, 제2제정은 1871년 공화정이 마지막으로 출현할 때까지 이어졌다. 이런 문제로 주요 사업의 진행이 불규칙했고 지연되기도 했지만 중단되지는 않았다. 각 정부가 전임 정부의 사업을 이어받았기 때문이다. 나폴레옹 3세의 명을 받은 오스만 남작은 1860년 파리 시내에 새로운 도로를 건설하고, 녹지 공간을 조성하고, 인근 자치구를 합병해서 파리의 모습을 바꿔놓았다. 그렇게 황제는 오늘날 우리가 알고 있는 파리의 20개 구를 확정했다. 아울러 철도 교통의 발전으로 역을 건설했고, 세계 박람회는 1889년 에펠탑을 비롯한 영구적이지 않은 새로운 기념물을 세울 구실을 제공했다. 20세기 전반 파리는 별다른 변화를 겪지 않았다. 하지만 제3공화국은 위생 시설 공사에 착수했다. 파리의 도시 계획은 1970년대부터 재개되었다. 때로는 늘어난 자동차 수요를 고려하고, 몽파르나스 타워처럼 우아하지 않은 건물을 세우는 등 결과가 좋지 않기도 했다. 때로는 마레 지구를 보존하고, 새로운 녹지 공간을 만들고, 조르주 퐁피두센터처럼 고전이 될 건물을 세우는 등 좋은 결과를 낳기도 했다.

루브르 박물관

LE LOUVRE, 1구

1190년 필립 오귀스트가 지은 이 요새는 현재 궁전 서쪽에 있는 카레 광장의 4분의 1밖에 차지하지 않았다. 135,000평방미터 면적의 이곳은 오늘날 루브르 박물관을 구성하는 방과 갤러리들의 일부분이다. 14세기, 샤를 5세는 이곳을 왕의 저택으로 개조했다. 이어진 후대 왕들은 루이 14세 때까지 궁을 넓히고 장식했으며 이어 두 나폴레옹도 이를 따라 했다. 루브르 박물관의 예술 중심지로서의 소명은 루이 14세와 그의 궁정이 베르사유로 떠난 지 10년 후인 1692년에 시작되었다. 당시 왕실 건물에는 예술, 문학, 과학을 대표하는 아카데미가 있었다. 갤러리에는 화가들이 자리를 잡았고 다양한 가게 주인들이 그 뒤를 이었다. 1699년부터 루브르 박물관에서 전시회가 열리기 시작했다. 프랑스 대혁명 때 정부는 그랑 팔레를 일반에 개방하고 왕실 소장품들을 공개하기로 결정했다. 왕궁의 일부가 박물관이 된 것이다. 제국 시절, 나폴레옹 1세는 전쟁 중에 몰수한 작품을 루브르 박물관에 기증했다. 이후 루브르 박물관은 기증과 매입을 거쳐 현재 약 35,000점의 작품을 소장하고 있다. 1981년 프랑수아 미테랑 대통령은 루브르가 궁전의 모든 건물을 포함하도록 박물관을 확장했고, 나폴레옹의 안뜰은 이오 밍 페이가 설계한 피라미드로 꾸며져 있다.

튈르리
LES TUILERIES, 1구

카트린 드 메디시스는 남편 앙리 2세가 사망하자 새 궁전을 짓기로 했다. 그녀는 루브르 박물관을 마주 보고 있는 옛 기와 공장 자리 공터를 선택했다. 이 근접성은 나중에 앙리 4세가 구상한 '위대한 계획'을 탄생시켰다. 바로 튈르리 궁전과 루브르를 회랑으로 연결하는 것이었다. 앙리 4세는 센 강변을 따라 첫 회랑을 짓게 했다. 그러나 이 프로젝트는 제2제정 하에서는 1870년 리볼리 거리를 따라 단 한 동만을 지었을 뿐이다. 그 후 두 궁전은 장엄한 단지를 형성했다. 하지만 이는 1년 동안만 지속되었다. 왜냐면 1871년에 일어난 화재 사고로 튈르리 궁전은 다 타버렸고 1883년 철거되었다. 오늘날 남아 있는 것은 카루셀의 개선문에서 라데팡스까지의 멋진 전망을 보여주는 정원뿐이다. 17세기, 카트린 드 메디시스의 이탈리아식 공원은 프랑스식 정원으로 바뀌었다. 이를 담당한 콜베르는 친구인 작가 샤를 페로의 설득으로 튈르리를 파리 최초의 공공 정원으로 만들기로 하고 이를 실행에 옮겼다. 19세기에 이 정원은 샤를 보들레르, 에두아르 마네, 마르셀 프루스트 등, 산책을 좋아하는 유명 작가들에게 영감을 주는 장소가 되었다. 조각 작품이 많은 이곳은 현대 조각품들로 끊임없이 풍성해지고 있다.

레알

LES HALLES, 1구

1137년 루이 7세가 성벽 밖에 중앙시장을 만들기로 했을 때 약 천 년 전부터 시테섬에서는 물품의 교환이 이루어졌다. 그는 센강 우안의 레샹포^{les Champeaux}라는 부지를 골랐다. 매우 빠르게 시장이 확장되었다. 16세기에 이곳은 지붕이 있는 회랑으로 둘러싸여 있었다.

그러나 메로빙거 시대부터 그 근처에 있는 '이노센트 묘지'에 계속 시체들을 묻었다. 그러다 담장이 무너지면서 시신들이 한 식당 지하실에 쏟아지는 사태가 발생되자 당국은 1786년 묘지를 없앤 후 그 자리에 꽃시장을 열었다. 그렇지만 여전히 레알은 비좁고 비위생적이었다. 1851년 빅토르 발타르의 지휘 아래 재건 공사가 시작되었다. 이 혁신적인 건축가는 금속 프레임과 유리 지붕을 사용한 10개의 파빌리온을 지어 빛과 공기의 순환을 최적화했다. 몇 년 후 에밀 졸라는 레알에서 밤낮으로 생동감 넘치는 세상을 묘사한 소설 『파리의 복부^{Le Ventre de Paris}』를 집필했다. 하지만 자동차의 시대가 열리면서 제시간에 파리 시내로 이동하는 것이 힘들어졌다. 결국 1959년 레알은 룽기스^{Rungis}로 이전했다. '발타르^{Baltard}' 파빌리온 중에서는 1971년 파괴를 면한 8번 가금류 파빌리온만이 유일했다. 노장 쉬르 마른^{Nogent-sur-Marne}에서 재조립되어 현재 이곳에서는 다양한 행사가 열리고 있다.

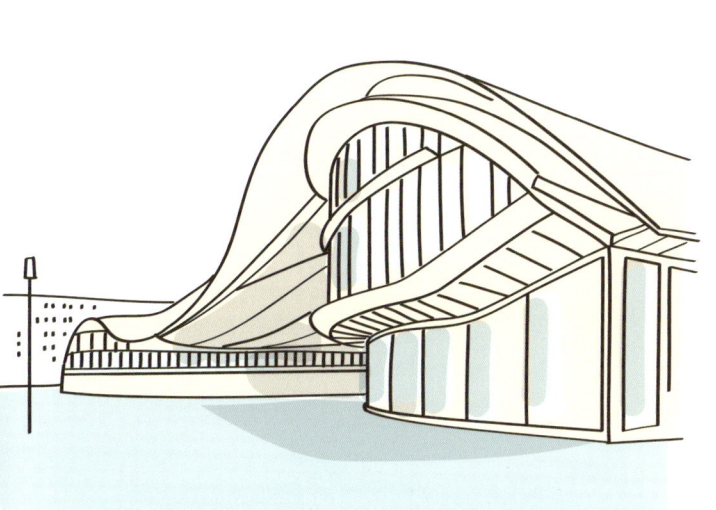

성 위스타슈 성당
ÉGLISE SAINT-EUSTACHE, 1구

성 아그네스에게 헌정된 예배당은 13세기에 장 알레의 투자로 짓기 시작했다. 필립 오귀스트 왕에게 돈을 빌려준 이 상인은 레알 시장에서 파는 생선 바구니마다 데나리온을 징수할 수 있는 권리를 얻었고 이에 대해 감사를 표했다. 그 후 이 예배당은 교구 교회 소속이 되어 성 위스타슈의 보호 아래 있게 되었다. 그러나 레알 시장이 확장됨에 따라 성소는 더 이상 신도들의 유입을 감당할 수 없었다. 그래서 15세기부터 상인들이 확장 공사를 지원했다. 끊임없이 미완성인 채로 남아 있던 이 건물은 고딕 스타일로서, 나머지 부분과 대조를 이루는 18세기의 고전적인 파사드를 물려받았다. 프랑스 혁명 당시 심하게 훼손된 성 위스타슈 성당은 19세기 레알 파빌리온의 건축가 빅토르 발타르가 개조했는데, 이곳은 오늘날 파리에서 가장 아름다운 성당 가운데 하나로 손꼽힌다. 1989년에 복구 공사를 거쳐 8,000개의 파이프 오르간이 웅장하게 자리하고 있어 음악의 메카로 자리 잡았다.

증권거래소
BOURSE DE COMMERCE, 1구

이 장소에는 13세기부터 왕실 가문의 소유였던 수아송Soissons 저택이 있었다. 1572년 튈르리 궁전 건설이 한창이던 때 카트린 드 메데시스가 갑자기 이곳으로 이사했다. 전해오는 얘기에 따르면 그녀의 변덕은 예언에 따른 것이라고 한다. 실제로 앙리 2세의 미망인은 점성술사 코시모 루기에리로 하여금 별을 관측할 수 있도록 메디치 기둥을 세운 데서 알 수 있듯이 신비주의 과학에 관심이 많았던 것으로 알려져 있다. 카트린은 사망하면서 막대한 빚과 함께 여러 유산도 남겼다. 채권자들은 결국 수아송 부지를 인수했고 이 저택은 신속히 철거되어 1767년 건축가 니콜라 르 카뮈 드 메지에르는 여기에 곡물 거래를 위한 건물을 지었다. 새 건물은 센강에 도착하는 곡물을 저장하고 거래를 중앙 집중화해야 하는 필요를 충족했다. 그러나 19세기 중반에 이 기능은 쓸모없게 되었다. 그리고 두 번째 화재로 인해 건물이 영구적으로 폐쇄되었다. 재건된 건물은 증권거래소가 되었는데, 철과 유리로 된 아름다운 돔으로 이뤄져 있다. 1998년까지 이곳에는 선물 시장이 형성되었다가 지금 이 건물은 미술관으로 사용되고 있다.

팔레 루아얄
PALAIS-ROYAL, 1구

첫 번째 건물은 '팔레 카디날'이라고 불렸다. 교활한 리슐리외는 1628년에 이 건물을 루브르와 가까운 곳에, 즉 왕과 가깝게 짓도록 지시했다. 그는 루이 13세를 광활한 정원을 자랑하는 거처의 후계자로 삼았다. 팔레 루아얄이라는 이름은 1643년 어린 루이 14세와 그의 어머니인 오스트리아의 안느가 이곳에 거주하면서 사용되기 시작했다. 그 후 이 궁전은 루이 14세의 동생이 물려받아 오를레앙의 손에 넘겼다. 루이 15세 때 프랑스를 섭정했던 오를레앙의 필립 2세는 이곳에서 여러 여인들을 초대해 방탕한 밤을 보냈다. 프랑스 혁명이 일어나기 직전, 빚이 많았던 그의 증손자 필립 에갈리테는 정원을 아케이드 건물로 둘러싸고 1층을 상가에 임대하는 등 재정 확충을 위한 기발한 방법을 고안해 냈다. 이후 팔레 루아얄은 표현의 자유를 보장하는 장소가 되었는데 1789년 9월 12일, 카미유 데물랭이 파리 시민들에게 봉기를 촉구한 곳이기도 하다. 혁명 기간 압수되어 나폴레옹 3세가 점령한 오를레앙에 반환되었다가 두 차례 불타고 복원을 거친 팔레 루아얄은 1871년 마침내 국가에 귀속되었다. 제3공화국은 이곳에 국가평의회를 두었다. 이후 이 궁에는 1986년 다니엘 뷔랑Daniel Buren의 기둥들이 명예의 뜰에 설치되어 상당한 논란을 불러일으키기도 했다.

코메디 프랑세즈
COMÉDIE-FRANÇAISE, 1구

1628년 리슐리외가 건물을 지었을 때 팔레 루아얄에는 극장이 있었다. 몰리에르와 그의 배우들은 1662년부터 1673년까지 이곳에서 이탈리아 배우들과 번갈아 가며 공연을 펼쳤다. 그 후 륄리는 이곳을 오페라 하우스로 개조했고, 1781년 불타 없어질 때까지 그대로 남아 있었다. 5년 후, 당시 팔레 루아얄의 소유주였던 오를레앙의 루이 필립은 건축가 빅토르 루이에게 극장을 이탈리아 스타일로 재건하도록 의뢰했고, 현재 코메디 프랑세즈로 알려진 리슐리외 극장이 탄생했다. 극단의 역사는 1681년에야 시작되었다. 몰리에르 사망 8년 후 동료들이 결성한 이 극단은 1799년 정부가 그들에게 리슐리외 극장을 배정할 때까지 극장을 옮겨 다니며 활동했다. 오늘날 코메디 프랑세즈는 상설 극단이 있는 유일한 국립 극장으로 남아 있다. 극장 관리자는 국가에서 임명한다. 그러나 배우들은 1812년 나폴레옹이 지정한 이른바 '모스크바 법령' 이후 거의 변하지 않은 법령에 따라 자체적으로 관리한다. 전해오는 얘기에 따르면 황제가 러시아 캠페인 도중에 이 법령을 내렸다고 한다. 그러나 실제로는 그가 귀국할 때 작성한 것인데 수천 마일 떨어진 곳에서도 프랑스 문제를 잊지 않았다는 것을 보여주기 위해 날짜를 소급한 것으로 보인다.

법원
PALAIS DE JUSTICE, 1구

11세기 초, 카페 왕조의 왕들은 시테섬에 궁전을 지었는데, 이곳은 왕의 거주지이자 권력 기관의 소재지였다. 1358년, 반란으로 인해 미래의 샤를 5세는 겁에 질려 이 궁전을 버리고 루브르로 떠났다. 왕은 다시는 이곳으로 돌아오지 않았지만 의회, 당시 사법재판소, 수상실, 감사원은 계속 그곳에 머물렀다. 혁명 기간, 고대 정권의 의회와 법원은 제헌의회에 의해 폐지되었다. 왕궁에 대신 설치된 혁명 재판소는 1795년까지 사슬에 묶여 있던 이들에게 형을 선고했고, 그 구성원들은 단두대로 보내졌다. 1799년 쿠데타 직후, 미래의 나폴레옹 1세는 건물 보수에 착수했다. 1870년에야 완공된 이 공사는 1871년 파리 코뮈니스트들이 일으킨 화재로 인해 다시 재개해야 했다. 법원은 1914년에 현재의 모습을 갖추게 되었다. 오늘날에도 항소 법원, 파리 고등법원 등 최고 사법 기관과 파기 환송 법원이 입주해 있어 여전히 중요한 재판의 현장이 되고 있다.

콩시에르주리
CONCIERGERIE, 1구

이곳에는 중세 왕실 거주지였던 시테섬 궁전의 흔적이 남아 있으며, 원래의 이름을 그대로 간직하고 있다. 본래 이곳은 파리 경찰과 사법부의 수장이었던 궁의 부속 기관이었다. 14세기에 샤를 5세는 섬에 있던 저택을 루브르에 양도하고 콩시에르주리를 주립 감옥으로 개조했다. 우안에서 보면 웅장한 중세 건물의 네 개의 탑이 오늘날에도 센강에 비치는 모습을 볼 수 있다. 서쪽에서 동쪽으로 뻗은 첫 번째 봉벡Bonbec 탑에는 사악한 탐문실이 있었고, 아르장Argent 탑에는 왕들의 금고가 보관되었으며, 세자르César 탑은 로마식 기초 위에 세워졌고, 시계탑Horloge에는 1370년부터 파리 최초의 공공 시계가 보관되어 왔다. 수 세기에 걸쳐 여러 차례 변경된 콩시에르주리는 프랑스 혁명 기간 혼란을 겪었다. 특히 1793년 혁명 재판소가 세워진 이후 안뜰은 위험한 장소였다. 짚처럼 옹기종기 모여 있는 가난한 사람들, 또는 마리 앙투아네트, 샤를로트 코르다이, 라부아지에와 같은 저명한 인물들이 사형 집행인 상송과 그의 단두대에 맡겨졌다. 19세기에 감옥은 범죄자 라세네르, 무정부주의자 라바콜, 쿠데타 시도 후 미래의 나폴레옹 3세와 같은 다른 유명한 손님들도 맞이했다. 콩시에르주리는 1914년 역사 기념물로 등재되면서 박물관이 되었다.

생트 샤펠 성당
SAINTE-CHAPELLE, 1구

1239년 성 루이라는 별명을 가진 루이 9세는 베네치아인들로부터 소위 '그리스도의 가시관'을 금값에 사들였다. 2년 후, 그는 콘스탄티노플의 마지막 라틴 황제 볼드윈 2세로부터 십자가 조각과 기타 수난 유물을 인수했다. 이를 계기로 1248년에 봉헌된 생트 샤펠 성당은 이 귀중한 보물들을 모실 수 있는 장소가 되었다. 이 성소는 최초의 왕실 거주지였던 시테섬 궁의 일부였으며, 지금은 콩시에르주리만 남아 있다. 루이 9세는 그리스도를 프랑스의 왕관과 연관시킴으로써 그의 뛰어난 정치적 감각을 보여주었다. 18세기 루이 16세는 이 유물의 상징적 의미를 잘 이해해 1791년 프랑스 대혁명으로 파리가 불타오르자 생드니 왕실 성당에 이 유물을 보관하도록 했다. 이후 생트 샤펠은 프랑스 혁명과 제국 시대를 거치며 여러 차례 화재 등의 피해를 입었다. 현재의 건물은 19세기에 복원된 것으로 1836년에서 1857년 사이에 외젠 비올레르뒤크를 비롯한 여러 건축가가 복원 공사에 참여했다. 그들은 중세 건물에는 없었을 것 같은 종탑의 화살과 백합꽃 등, 실내 장식 몇 가지를 추가했다. 하지만 성당의 아름다움은 여전하다.

퐁 뇌프
PONT-NEUF, 1구

이름과는 달리 퐁 뇌프는 파리에서 가장 오래된 다리다. 물론 1607년 완공되기 전, 파리에 다른 다리가 없었던 것은 아니지만 모두 사라졌다. 하지만 이 다리는 다소 혁신적이었는데 나무 대신 돌을 사용했고, 다리 위 건물도 없었으며, 무엇보다도 보도블록이 있었다. 이 다리는 시테섬 서쪽 끝을 가로질러 좌안과 우안을 연결했다. 지역 주민들은 퐁 뇌프(새로운 다리)라는 이름을 붙였고, 그 별명은 그대로 이어졌다. 하지만 공사가 시작되던 날 앙리 3세가 잊을 수 없는 결투로 서로를 죽인 충신들을 묻었기에 퐁 데 플뢰르(통곡의 다리)라고 불릴 뻔했다. 종교적, 정치적 문제로 인해 10년간 공사가 중단되었고, 이는 다리의 견고함에도 영향을 미쳤다. 앙리 4세는 이 다리에 우아한 도핀 광장을 추가했다. 그러나 앙리 4세는 자신의 기마상을 보지 못했다. 이 기마상은 공공장소에 세워진 최초의 동상으로, 그의 암살 4년 후에 섬의 중앙 광장에 세워졌다. 이탈리아인 장 드 볼로뉴의 작품인 이 납 동상은 혁명 시기에 녹여져 대포가 되었다. 1818년에 같은 모델의 동상이 그 뒤를 이었다. 오늘날에는 다리 위에 서 있던 수도 최초의 양수기인 사마리아인 펌프는 남아 있지 않다. 좌안에 있던 결투가들의 만남의 장소, '프레 오 클레르'로 알려진 풀밭의 흔적도 없다.

퐁 루아얄
PONT ROYAL, 1구

1550년부터 이곳에서는 좌안 거리의 이름rue de bac이기도 한 나룻배bac가 센강을 건넜다. 최초의 목조 다리는 1632년 금융가 바르비에가 투자해 지어졌는데 다리를 건너는 보행자와 기병들은 통행료를 지불해야 했다. 그 당시 다리에는 바르비에의 이름이 새겨져 있었는데 이후 루이 13세의 부인인 오스트리아의 안느 여왕을 기리기 위해 퐁 생 안느가 되었고, 그 후 이 다리를 칠한 붉은색의 이름을 따서 퐁 루즈가 되었다. 하지만 나무다리는 물에서 썩어 부서지기도 하고 불에 타는가 하면 홍수로 떠내려가는 등 온갖 악재에 노출되었다. 이런 재난으로 인해 루이 14세는 왕실 비용으로 돌다리를 건설하기로 하고 쥘 하두인 만사르에게 설계를 맡겼다. 그 후 이 다리는 퐁 루아얄이라고 불리다 혁명 기간 퐁 나시오날로 이름이 바뀌었다. 여전히 공화국의 신민이었던 나폴레옹 보나파르트는 프랑스 혁명월 13일(1795년 10월 5일)의 왕당파 봉기로부터 튈르리를 구한 대포를 이 다리에 설치했다. 그래서 그는 이 다리의 이름을 퐁 데 튈르리라고 지었다. 1814년 루이 13세는 이 다리를 이전 이름으로 복원했고, 그 후로 지금까지 그 이름을 유지하고 있다. 오늘날 퐁 루아얄은 역사적인 홍수의 기억을 좌안과 우안의 마지막 교각에 새겨 보존하고 있다.

방돔 광장
PLACE VENDÔME, 1구

방돔 광장이 여전히 파리에서 가장 인기 있는 관광 명소로 꼽히는 것은 바로 아름다운 주얼리 쇼윈도 때문이다. 처음부터 이곳은 사치스러웠다. 루이 14세가 이 광장을 만들기로 했을 때 절대 군주제의 화려함을 보여줄 수 있는 통풍이 잘되고 웅장한 공간을 원했다. 이 프로젝트를 실현하기 위해 그는 방돔 공원에 속한 8헥타르의 부지에 눈을 돌렸고, 건축가 루이 하두앵 만사르와 함께 계획을 세웠다. 하지만 안타깝게도 군주는 자신의 야망을 실현할 수 있는 수단이 없었기에 진행 중이던 작업을 파리시에 넘겨야 했다. 그럼에도 불구하고 그의 기마상은 광장 한가운데에 세워졌고, 곧 파리에서 가장 부유한 귀족들이 거주하게 되었다. 혁명가들은 1792년 이 동상의 철거를 결정하고 기뻐했다. 20년 후, 나폴레옹은 오스테를리츠 전투에서 적에게 빼앗은 대포의—황제에 따르면 1,200개, 역사가에 따르면 130개—녹인 납으로 만든 44미터 높이의 기둥을 그 자리에 세웠다. 이후 국가는 기념식 장소로 이 광장을 선택했다. 이는 1871년 방돔 기둥을 철거한 공산당에 의해 방돔 기둥을 옹호하는 효과를 가져왔다. 제3공화국은 이 기념비를 재건했는데 구스타브 쿠르베는 파리 코뮌 때 이 기둥의 파괴를 조장한 혐의로 기소되어 새 기둥을 세우는 비용을 내게 되었지만 그는 이에 응하지 않고 스위스로 망명했다.

샤틀레 광장
PLACE DU CHÂTELET, 1구

9세기 말, 샤를 2세는 시테섬을 잇는 목조 다리를 보강해야 한다고 생각했다. 그래서 그는 다리를 보호하기 위해 두 개의 샤틀레, 즉 작은 성을 둑에 세웠다. 그랑 샤틀레는 우안의 퐁 오 샹주 다리를 보호하고 있었지만 12세기에 필립 오귀스트가 요새화된 성벽을 건설하자 그 기능은 쓸모없게 되었다. 그 후 경찰과 사법부를 한데 모은 파리 경찰청에서 이 건물을 사용했다. 이 건물에는 거꾸로 된 깔때기 모양의 히포크라스 잔처럼 고문실로 유명한 감옥이 있었는데, 죄수들은 이곳에서 지내려면 몸을 구부려야만 했다. 불길하고 불결했던 그랑 샤틀레 주변 지역은 그다지 좋은 평판을 얻지 못했다. 1802년 나폴레옹 1세가 새로운 광장을 만들기 위해 요새를 허물고 '드 라 빅투아르'라는 분수를 설치하도록 명하면서 이 지역은 급격하게 변했다. 제2제정기에 오스만 남작은 건축가 가브리엘 다비우드에게 이 공공 공간에 마주 보는 두 개의 극장을 짓도록 의뢰했다. 1920년대에 샤틀레 극장은 오페레타의 성전이 되었다. 1898년 여배우 사라 베른하르트가 매입하면서 사라 베른하르트 극장이 된 이곳은 현재 파리의 극장이라고 불린다.

팔레 브로니아르
PALAIS BRONGNIART, 2구

중세 시대 파리의 금융 거래는 퐁 오 샹주에서 이루어졌다. 특히 18세기의 노예무역을 비롯한 무역의 확장은 투기 열풍을 불러일으켰다. 하지만 1720년 은행가 존 로의 파산으로 국가가 파탄에 이르자 루이 15세는 무역을 규제하기로 하고 1724년 팔레 루아얄 근처의 호텔 드 네베르에 런던 모델을 기반으로 한 최초의 파리 증권거래소를 설립했다. 1807년 나폴레옹 1세는 자신의 야망을 형상화한 웅장한 건물, 즉 외부는 기둥으로 둘러싸여 있고 내부는 화려하게 금박을 입힌 새 건물을 의뢰했다. 건축가는 신고전주의의 대가이자 수많은 파리 개인 저택을 건축하고 페르 라셰즈 묘지를 설계한 알렉상드르 테오도르 브로니아르였다. 그는 이 건물에 자신의 이름을 남겼지만 1826년 황제도 그도 건물의 개관을 보지 못했다. 루이 15세가 만든 거래소 규칙 중 하나는 여성의 출입을 금지하는 것이었는데 이 규칙은 1967년까지 유효했다. 한 세기 반 동안 팔레 브로니아르는 세계 최고의 금융 중심지 중 하나로 남아 있었다. 하지만 1986년 컴퓨터의 등장으로 구식 건물이 되고 말았다. 이듬해에는 역사적 기념물로 등재되었고 현재는 이벤트 전문 회사인 GL—증권거래소에 상장된 회사—가 관리하고 있다!

레퓌블리크 광장
PLACE DE LA RÉPUBLIQUE, 3구

이 광활한 직사각형의 광장은 제2제정 시절 오스만 남작의 파리 건설 시기에 만들어졌다. 광장은 오늘날의 마젠타, 볼테르, 레퓌블리크 대로가 생길 때 함께 건설되었다. 그 후 이곳은 1867년 사자로 장식된 분수대의 이름을 따서 샤토도 광장이라고 불렸고, 1867년 사자로 장식된 다른 분수대로 교체되었다. 오스만이 수행한 작업에는 파리 군대를 수용하는 거대한 막사 광장 북쪽의 공사도 포함되었다. 이는 우이스 다게르의 디오라마를 비롯해 이 지역의 생명줄이었던 극장이 파괴되는 것을 의미했다. 1879년, 정부는 공화국 기념비를 디자인하기 위한 공모전을 개최했고, 그 결과 모리스 형제가 최종 수상자로 선정되었다. 15미터 기단 위에 세워진 9미터 높이 청동 마리안느 동상 외에도 자유, 평등, 박애를 상징하는 세 개의 동상이 작품에 포함되었다. 혁명 100주년을 맞아 광장은 현재의 이름을 갖게 되었고 이후 이곳은 파리 시위의 집결지가 되었다. 그리고 시위가 없는 날에는 트램과 자동차가 지나는 공간이었지만, 2012년 진행된 보수 공사를 통해 광장은 다시 보행자의 품으로 돌아왔다. 루이 14세 때 이곳은 산책 전용 장소였기에 다시 그 뿌리로 돌아간 것이다.

국립 공예원
CONSERVATOIRE DES ARTS ET MÉTIERS, 3구

베르부아 거리에서는 한때 매우 강력한 수도원이었던 생 마르탱 데 샹의 탑과 성벽을 볼 수 있다. 루이 14세는 파리 최초의 공공 분수인 베르부아 분수를 이 수도원 벽 가까이 설치했다. 혁명과 함께 수도원은 국유지가 되었다. 그레구아 수도원장은 이곳에 두 번째 생명을 불어넣었다. 1794년, 이 혁명적인 신부는 생 마르탱 데 샹을 공예 학교로 탈바꿈시킬 것을 의회에 제안했다. 무지에서 벗어나 기술을 연합하며 국가 산업을 발전시키자는 것이 목표였다. 곧 당시 가장 혁신적인 기계들이 이곳에서 조립되었다. 하지만 학교는 1802년에야 일반에 공개되었다. 그레구아 신부가 소집한 사람들이 전시 제품의 작동 원리를 설명했다. 이곳의 소장 목록은 계속 바뀌며 늘어갔다. 제2제정기에 복원된 교회의 본당은 움직이는 기계의 갤러리가 되었다. 그레구아 신부의 정신에 따라 1990년대에 개조된 이곳의 박물관에서는 여전히 강의가 열리고 있다. 이 건물에는 여러 분야의 고등 교육 기관도 있다. 오늘날 CNAM이라는 약어로 더 잘 알려진 국립 공예원은 전 세계로 뻗어나가고 있다.

사원 지구
QUARTIER DU TEMPLE, 3구

생 루이 기사단이 세운 이 요새는 프랑스 혁명 기간 명성을 얻었으며, 1792년부터 1793년 왕가가 처형될 때까지 왕실의 감옥이 되었다. 나폴레옹은 왕당파가 이곳을 회의 장소로 선택했다는 이유로 1808년 철거를 명령했다. 직물과 중고품을 취급하는 카로 뒤 탕플 시장은 목조로 지어졌다가 1883년에는 발타르 스타일의 시장으로 바뀌었다. 20세기 초에는 생투앙 벼룩시장이 카로와 경쟁하면서 점차 그 매력을 잃어갔지만 오늘날 지역 주민들의 노력 덕분에 두 개의 파빌리온이 살아남아 있다. 17세기 말에 조성된 근처의 사원 거리는 19세기에는 '범죄의 거리'라는 별칭이 붙었다. 그렇다고 머리를 자르는 장소는 아니었다! 그럼에도 부르주아들과 서민들은 근처 25여 개 극장에서 상영되는 멜로 드라마를 즐기기 위해 이곳을 찾았다. 1860년 한 기자는 그곳에서 모두 151,702건의 범죄가 발생했다고 말하며 모두 무대에서 벌어진 일이라는 유머를 하기도 했다. 1945년 마르셀 카르네 감독의 영화 「낙원의 아이들」에서 이 거리의 환희에 찬 분위기를 멋지게 담아낸 바 있다. 하지만 파리를 재건하려는 오스만 남작의 계획에는 극장을 없애는 것이 포함되어 있었기에 1882년 이 광경은 종식되었다. 그 어떤 시위나 청원도 파리시의 결정을 막을 수는 없었다.

카르나발레 박물관
HÔTEL CARNAVALET, 3구

마레 지구에서 가장 오래된 개인 저택 중 하나로 파리에서 보기 드문 르네상스 건축물이다. 조각가 장 구종과 함께 루브르 박물관을 개조한 피에르 레스코가 1548년부터 파리 국회의장 자크 데 리네리스를 위해 건축을 감독했다. 프랑수아즈 드 케르네베노이가 1578년에 인수했는데 그녀의 브르타뉴어 이름인 카르나발레로 바뀌었고 그때부터 이 건물의 이름이 되었다. 17세기에는 프랑스 고전 건축의 선구자인 프랑수아 만사르의 지휘 아래 변화를 겪었다. 이 건축가는 브뤼셀 출신 조각가 제라르 반 옵스탈과 협업하여 상층부의 외관을 꾸몄다. 세비녜 후작은 1677년부터 1696년 사망할 때까지 이 호화로운 건물을 파리의 집으로 사용했다. 프랑스 혁명 기간 이 저택은 국유지가 되었고, 처음에는 국립고등교량도로학교$^{École des ponts et chaussées}$가 사용했다. 1866년 오스만 남작은 여러 곳에 흩어져 있던 소장품을 한곳에 모으기 위해 파리시에 이 건물을 인수할 것을 제안했다. 이곳은 1880년에 생긴 가장 오래된 시립 박물관으로 현재 약 60만 점의 소장품을 보유하고 있다. 그림, 포스터, 사진, 조각품, 오브제, 고고학적 유물, 복원된 인테리어 등의 전시물들은 모두 '파리'라는 하나의 주제에 대해 이야기하고 있다.

오텔 드 클리송
HÔTEL DE CLISSON, 3구

올리비에 5세 드 클리송은 강력한 브르타뉴 영주이자 베르트랑 뒤 게클랭의 전우로, 1380년 프랑스 총사령관 자리에 올랐다. 이 직책 덕분에 그는 전쟁 전리품의 일부를 차지할 수 있었다. 이 부유한 브르타뉴인은 파리에 호텔을 짓고 예술 작품으로 화려하게 장식했다. 1556년에 성벽을 점령한 또 다른 전사는 위그노에 맞서 치열하게 싸운 기즈 공작, 프랑수아 드 로렌이다. 그는 아내 안 데스트와 함께 낡은 건물을 재건하고 부지를 크게 확장했는데 이탈리아의 저명한 예술가 프리마티치오가 장식을 맡았다. 1688년 마리 드 기즈가 사망하자 상속인들은 호텔을 프랑수아 드 로안-수비즈에게 매각했다. 그의 아내인 안 드 로안-샤보트는 루이 14세의 정부였다. 이 불륜 관계에서 부부는 야심찬 개보수를 할 수 있는 막대한 자금을 끌어모았고, 아들인 미래의 추기경 드 로안은 바로 옆에 개인 호텔을 지었다. 1808년, 국가가 두 호텔을 인수했다. 그 후 '드 클리송', '드 기즈', '드 수비즈'로 알려진 호텔에는 나폴레옹 1세의 황실 기록 보관소가, 1848년부터는 국가 기록 보관소가 들어섰다. 이 기록물 중 일부는 여전히 이곳에 보관되어 있다. 아카이브 거리에서는 지금도 중세 건물의 마지막 흔적인 요새화된 관문과 포탑을 감상할 수 있다.

21

시청
HÔTEL DE VILLE, 4구

1803년까지 시청 광장은 파업의 광장으로 알려졌다. 앙시앵 레짐의 고문과 처형 장소였던 이곳은 실직자들의 집회 장소이기도 했다. "파업에 돌입하다(se mettre en grève)"라는 표현이 이곳에서 유래했는데, 당시에는 고용주를 찾기 위해 이곳에 모였지, 근로 조건에 항의하기 위해서가 아니었다. 에티엔 마르셀은 요한 1세 치하에서 파리 상인 회장을 지낸 인물로, 1357년 이 광장에 시정부 기관을 배치하고 '기둥의 집'으로 알려진 집을 구입해 기관을 수용한 것으로 알려져 있다. 르네상스 시대에 호화로운 궁전으로 바뀌었다가 루이 필립 통치 때까지 확장되고 풍성해진 이 건물에는 코뮌 기간 때 불타 없어지긴 했지만 귀중한 기록 보관소가 있었다. 화재로 완전히 소실된 시청사는 1882년에 당시 모습과 거의 똑같이 재건되었다. 현재는 파리에서 태어난 188명의 인물 동상이 장식된 네오 르네상스 양식의 외관을 자랑하며, 내부 인테리어도 호화스럽다. 엑스포나 전시회 때 둘러보거나 일반인에게 공개되는 파리 시의회에 참석하면 이 청사 건물을 감상할 수 있다.

시청사 상가 (바자르 드 오텔 드 빌)
BAZAR DE L'HÔTEL DE VILLE, 4구

1852년, 돈을 벌러 파리로 온 리옹 출신의 금속 공예가 자비에 루엘은 행상인을 모집해 양말을 팔았다. 그는 곧 시청사 구역이 최적의 판매 장소임을 알아보고 리볼리 거리에 가게를 열었다. 1855년, 황후 외제니의 마차 말이 그의 집 앞에서 도망쳤는데 다행히도 그는 말을 잘 다룰 수 있어 곧 말을 잡아왔다. 이러한 그의 용감한 행동에 대한 보상으로 루엘은 아리스티드 부시코와 봉 마르셰로 이어진 거리까지 가게를 확장할 수 있었다. 제2제정 시대에는 파리에서 백화점이 전성기를 누리고 있었다. 하지만 루엘은 사회 문제에 대한 관심으로 다른 경쟁자들과 차별화했다. 그는 코뮌 기간 가난한 사람들에게 빵을 나눠주었다. 또한 직원들을 위한 지원 및 연금 기금과 진료소를 설립했다. 1954년 추운 겨울, 시청사 상가에서는 가난한 사람들을 위한 아베 피에르의 활동을 지원하기 시작했고 이 전통은 계속 이어졌다. 1923년, 가전제품 박람회의 성공으로 상가는 가정용 가구와 편의용품을 전문으로 취급하게 되었는데 이러한 전통은 오늘날까지 이어지고 있다. 또한 1990년대에 전문 슈퍼마켓이 개장할 때까지 DIY 애호가들이 모여드는 각종 생활 도구의 성지가 되었다. 바자르 드 오텔 드 빌은 파리지앵들이 이곳에 애착을 갖고 있다는 의미에서 약자인 BHV로 더 많이 불린다.

생 자크 탑
TOUR SAINT-JACQUES, 4구

이 탑은 샤틀레 광장에 인접한 생 자크 광장이 둘러싸고 있는데 16세기에 화려한 고딕 양식으로 지어진 것이다. 종탑에 있는 12개의 종으로 이루어진 카리용은 특히 조화로운 소리를 낸다고 알려져 있다. 프랑스 대혁명 당시, 생 자크 드 라 부슈리 성당은 파괴되었지만, 이 종탑은 살아남았다. 성당은 정육점 형제단이 자금을 지원해 지은 것이어서 이런 이름이 붙었다. 이 성소는 그 기원이 1060년으로 거슬러 올라간다. 생 자크 왕에게 헌정된 이 성당은 콤포스텔라 순례길의 출발점이었다. 14세기에 예술가이자 연금술사로 추정되는 니콜라스 플라멜은 이 성지 근처에 두 개의 작업실을 가지고 있었다. 전해 내려오는 얘기처럼 그는 납을 금으로 바꾸는 능력과 불멸을 가져다준 '철학자의 돌'의 비밀을 발견한 것일까? 아무도 모른다. 그러나 그가 자신의 막대한 재산을 성당에 아낌없이 기부했다는 사실만은 분명하다. 17세기에 철학자이자 과학자인 블레즈 파스칼은 대기압에 대한 실험을 계속하기 위해 52미터 높이의 탑에 올랐다고 한다. 프랑스 혁명 당시 성당이 파괴되는 과정에서도 탑이 보존된 것은 그를 기리기 위한 것으로, 내부에 있는 그를 기리는 동상이 이를 증명하고 있다. 생 자크 탑은 제2제정기 복원 열풍의 혜택을 받긴 했지만 오늘날에는 여러 차례 보강 공사를 거쳐야 하는 취약한 기념물로 남아 있다.

보주 광장
PLACE DES VOSGES, 4구

투르넬 궁전은 왕실 소유지로, 14세기부터 보주 광장을 차지하고 있었다. 앙리 2세가 마상 시합에서 부상을 입고 그곳에서 사망했을 때, 그의 미망인 카트린 드 메디시스는 그 건물의 파괴를 명령했다. 이후 그 자리에는 말 시장이 들어섰고, 결투자들이 만나는 장소가 되었다. 당시 파리에는 이미 녹지 공간이 부족했기에 앙리 4세는 축제 전용 광장을 만들기로 했다. 최고의 건축가들은 아케이드가 있는 파빌리온 36개를 설계했고, 왕과 왕비의 파빌리온은 더 높은 곳에 위치하여 우아한 대칭을 강조했다. 광장은 즉각적인 성공을 거두었다. 부유층이 근처에 집을 지으면서 마레 지구의 개발이 시작되었다. 이 광장은 언제나 위대한 인물들의 거처가 되었다. 마담 드 세비녜는 1번가 비스에서 태어났고, 몰리에르가 풍자한 교양 있는 여성 집단의 리더인 마담 드 사블레는 이곳에서 살롱을 열었다. 보쉬에, 테오필 고티에, 알퐁스 도데, 콜레트, 조르주 시메농도 이곳에서 살았다. 문학계의 거장 빅토르 위고는 1832년부터 1848년까지 루이 13세의 정부인 마리옹 들로르메의 거처였던 6번가에서 살았는데, 위고는 그녀를 자기 작품의 주인공으로 삼기도 했다. 지금은 박물관이 된 이 집은 빅토르 위고가 직접 고쳤다고 전해진 내부를 그대로 간직하고 있어 그의 취향을 엿볼 수 있다.

노트르담
NOTRE-DAME DE PARIS, 4구

시테섬의 서쪽 끝은 역사 이래 기도의 장소였다. 이곳에서 로마 신전과 생테티엔에게 헌정된 성당이 발굴되었다. 1163년, 파리 주교 모리스 드 쉴리가 원했던 대성당 건축이 시작되었다. 이 공사는 거의 2세기 동안 지속되었는데, 건물의 원시적인 고딕 양식 장식을 화려한 고딕 양식으로 대체하는 데 오랜 시간이 필요했다. 시간이 흐르면서 파리에서 가장 큰 종교 건물인 노트르담은 군주제의 여러 행사를 위한 극장으로 사용되었다. 결혼식 가운데는 미래의 여왕 마고가 홀로 혼배에 참석하는 동안 문 앞에 있었던 위그노의 수장 앙리 드 나바르의 결혼식도 있었다. 곧 왕이 되면서 가톨릭 신자가 된 그는 "파리는 미사를 드릴 만한 가치가 충분하다."고 판단하고 마침내 노트르담에 입성했다. 또 다른 중요한 사건은 1804년 나폴레옹 1세가 이곳에서 황제로 즉위한 것이다. 1831년 빅토르 위고가 『파리의 노트르담』을 펴냈을 때, 심하게 풍화되고 손상된 이 성당은 파멸의 위기에 처해 있었다. 이 소설의 엄청난 성공은 이 국가 문화유산 보물에 대한 대중의 관심을 불러일으켰다. 1844년 루이 필립 왕은 외젠 비올레트르 뒤크에게 노트르담 보수 공사를 맡겼다. 건축가는 꼼꼼하게 첨탑, 조각품, 오르간, 스테인드글라스 창문을 복원했다. 거기에 자신만의 손길을 더하지 않을 수 없었는데, 유명한 키메라 석상이 바로 그것이다.

파리 시립 병원 오텔 디외
HÔTEL-DIEU, 4구

파리에서 가장 오래된 병원인 오텔 디외는 6세기에 수도의 주교였던 생 랑드리가 설립했다. 당시 이 병원의 목적은 치료보다는 더 많은 환자를 받아들이는 데 있었다. 극빈자와 순례자들도 이곳으로 모였다. 이러한 관대한 환대 덕분에 18세기 초에는 하루에 최대 9,000명에 달하는 엄청난 인파가 몰려들었다. 전문 의료 서비스가 없는 상황에서 임산부, 고아, 전염병 환자, 기근 피해자, 여행자들이 마구 밀려들어 몇 안 되는 병상을 나눠 사용했다. 사망률은 경악할 정도였다. 이후 전면적인 재건이 이루어졌다. 오텔 디외는 제2제국 시절, 오스만 남작의 업적 가운데 하나가 된 것이다. 그렇게 세워진 새로운 시설은 현대성이 돋보였다. 환자들은 8인용 침대 2개를 갖춘 방에 수용되었을 뿐 아니라 쾌적한 야외정원과 휴식을 위한 라운지를 이용할 수 있었다. 직원들의 피로를 피하기 위해 체계적인 동선이 만들어졌다. 이 설계는 당시 의사들에게는 호평을 받았지만 너무 비싸다는 이유로 반대하는 사람도 있었다. 오늘날에도 노트르담 앞 광장에 있는 정문을 통해 이 시립 병원을 이용할 수 있다.

퐁 마리
PONT MARIE, 4구

1605년, 작은 생 루이섬에는 집들이 들어서기 시작했다. 사업가 크리스토프 마리는 이 섬을 우안과 연결하기 위한 다리 건설 프로젝트를 제안했다. 그러나 왕실 당국은 1614년이 되어서야 그에게 작업을 시작할 수 있는 권한을 부여했다. 루이 13세가 직접 주춧돌을 놓는 자리에 참석했다. 그러나 노트르담 성당 참사원의 건설 반대 때문에 공사 완공이 지연되었다. 결국 1635년이 되어서야 비로소 퐁 마리의 통행이 개시되었다. 당대의 모든 다리와 마찬가지로 그 위에는 모두 50채의 집이 지어졌다! 하지만 다리 소유주와 다리 유지 관리를 책임지는 행정 당국 사이에 불화가 일어나면서 작업은 난항에 직면했다. 결국 방치된 다리는 금세 부서지기 시작했다. 그 결과 1658년 홍수 때 두 개의 아치와 22채의 집이 물에 휩쓸렸고, 이 재난으로 60명이 목숨을 잃었다. 퐁 마리는 1670년 콜베르 덕분에 사라진 두 개의 아치를 되찾았다. 오늘날에는 동상 없이 8개의 빈 틈새가 있는 17세기 모습을 그대로 유지하고 있다.

팡테옹
PANTHÉON, 5구

1744년 8월, 루이 15세는 메츠에 있었는데 그곳 동부 전선에서 군대를 지휘하던 중 크게 아팠다. 의사들은 그에게 사망 선고를 내렸다. 그는 자신이 살아난다면 파리의 수호성인 생 주느비에브에게 헌정된 교회를 재건하겠다고 엄숙히 약속했다. 그는 병마를 이겨냈고 약속을 지켰다. 1755년, 그는 자신이 가장 좋아했던 퐁파두르 부인의 동생인 마리니 후작에게 공사를 맡겼다. 설계는 자크 제르맹 수플로에게 맡겨졌지만, 지나치게 방대한 프로젝트의 규모 때문에 시위가 일어났다. 재정적 어려움과 지반 침하로 인해 새 건물 완공은 1812년까지 연기되었다. 그 사이 혁명으로 왕권이 전복되었고 제헌의회는 교회를 위인들의 유해를 보존하기 위한 팡테옹으로 개조했다. 위인을 기리는 이 전통은 이미 파리의 생테티엔 뒤 몽 교회에 존재하고 있었다. 팡테옹에 묻힐 인물의 선택은 집권 정권에 따라 달라졌다. 볼테르, 루소, 수플로가 가장 먼저 이곳에 안치되었다. 귀족, 군인, 성직자에 이어 혁명과 제국의 영웅들은 빅토르 위고, 에밀 졸라, 알렉상드르 뒤마, 앙드레 말로, 장 조레스, 장 물랭 등의 안치를 승인했다. 국가가 감사를 표해 뽑은 사람들 가운데 여성은 과학자 마리 퀴리와 소피 베르텔로 단 두 명뿐이다.

소르본
LA SORBONNE, 5구

1253년, 생 루이의 사목이자 고해신부였던 로베르 드 소르봉은 신학대학을 설립하여 파리 대학교에 편입시켰다. 이곳에서 그는 국가와 교회의 기관을 운영할 성직자를 양성했다. 곧 소르본으로 불리게 될 이 대학은 프랑스 전역에서 온 가난한 기숙 학생들을 수용해야 했다. 하지만 건물은 약 20명의 학생을 수용하도록 설계되었을 뿐이다. 생활 환경은 검소했다. 다행히도 성직자들은 활기찬 라틴 지구의 자그마한 카페에 들러 고단한 삶을 잊을 수 있었다. 17세기에는 건물이 너무 비좁아 예전에 이곳의 학생이었다 교장이 된 리슐리외가 학교를 다시 짓기 시작했다. 그는 끝내 야심찬 프로젝트의 완성을 보지 못했지만, 그의 유해는 무덤으로 계획했던 예배당에 안치되어 있다. 혁명 이후 소르본은 10년 동안 문을 닫았고 건물은 더욱 낡아졌다. 19세기의 개조 공사는 제3공화국의 의뢰를 받은 건축가 앙리 폴 네노가 예배당을 제외한 모든 건물을 철거할 때까지 아무런 성과가 없었다. 1901년에 문을 연 신고전주의 양식의 새 건물은 60여 년 후인 1968년 5월 학생 반란의 진원지가 되었다.

클뤼니 온천장
THERMES ET HÔTEL DE CLUNY, 5구

'클뤼니' 온천탕의 유적은 갈로-로마 공중 목욕탕 표면적의 3분의 1에 불과하다. 이곳은 시테섬과 강 좌안의 몽 생트 즈느비에브 외곽으로 나뉘어 있는 고대 뤼테스 온천장의 흔적임을 증명한다. 13세기에 부르고뉴의 클뤼니 베네딕토회 수도회가 이 유적 위에 파리 최초의 수도원 기숙사를 지었다. 최초의 대학이 탄생하면서 특히 라틴 지구에 대학을 설립한 베네딕트 수도회가 파리로 모여들었다. 15세기 말에는 강력한 수도원장 자크 당부아즈가 새 건물을 지었는데, 1514년 프랑수아 1세가 이전 통치자인 루이 12세의 젊은 미망인을 가둬둔 곳이기도 하다. 17세기에 클뤼니 저택은 바티칸 공무원들의 숙소가 되었다. 교황 대사 중 한 명인 줄리오 마자리니는 1634년 프랑스에 도착한 후 드 마자랭 추기경이라는 이름으로 화려한 정치 경력을 쌓았다. 다음 세기에는 마리 앙투아네트의 열렬한 지지자이며 인쇄업자이자 서적상이었던 니콜라 레제르 무타르가 이 저택 예배당에 거주하게 되었다. 프랑스 혁명 당시 국가 자산으로 매각된 이 건물은 이후 여러 사람의 손을 거쳤다. 1833년 알렉상드르 뒤 소므라르는 귀중한 중세 유물을 수집하기 시작했다. 그의 아들 에드몽은 1843년 온천장과 클뤼니 저택 내에 설립된 국립 중세 박물관의 초대 관장이었다.

퐁 생 미셸
PONT SAINT-MICHEL, 5구

1378년 파리 의회, 관료와 도시의 부르주아, 노트르담의 성직자들은 의기투합해 당시 시테섬 강변에 있던 왕궁 주변과 강의 좌안을 잇는 다리를 건설하기로 합의했다. 거리의 부랑자들이 노동자로 고용되었다. 그러나 그들은 원칙을 지키지 않은 채 작업했고, 결국 1408년 겨울, 센강의 얼음이 얼어붙어 첫 번째 석조 다리가 떠내려가 버렸다. 결국 목조 다리가 즉시 그 자리를 대신했다. 근처에 있는 예배당의 이름을 따서 다리 이름은 생 미셸이라고 지었다. 그러나 1547년 배가 다리에 부딪치면서 열일곱 채의 집과 함께 무너졌다. 다음 다리 역시 나무로 지어졌지만 1616년 홍수에서 살아남지 못했다. 2년 후 돌다리가 세워졌다. 이 다리는 19세기 중반까지 살아남았지만 너무 낡고 좁아서 나폴레옹 3세는 1857년 다시 다리를 재건하기로 결정했다. 제2제정기에 황제는 파리의 많은 다리를 담당했던 엔지니어 폴 보드리와 폴 마르탱 갈로셰 드 라갈리스리에게 이 작업을 맡겼다. 오늘날 생 미셸 다리는 세 개의 아치 위에 세워져 있다. 시테섬 반대편에서 센강을 가로지르는 퐁 오 샹주도 1860년에 같은 모델로 재건된 현대식 다리이다. 둘 다 월계관으로 둘러싸인 'N'이라는 황실 휘장으로 장식되어 있다.

모베르 광장
PLACE MAUBERT, 5구

지금은 생제르맹 대로까지 이어지는 인기 있는 시장이 있는 모베르 광장은 격동의 역사를 간직하고 있다. 그 이름은 알베르 대왕을 연상시킨다. 13세기 학자였던 그는 파리 대학이 수용할 수 있는 학생 수보다 더 많은 학생을 끌어모아 이곳 야외 광장에서 가르쳤다. 다른 소식통에 따르면 이 이름은 생트 주느비에브 수도원으로부터 땅을 양도받아 광장을 조성한 오베르 신부의 이름에서 유래했다고 한다. 에티엔 돌레 동상은 1889년부터 1942년까지 광장을 장식하고 있었는데, 점령군 당국에 의해 파괴되었다. 프랑수아 1세는 그를 그의 책과 함께 광장에서 산 채로 불태우며 이 인본주의 인쇄업자의 사상의 자유를 불살랐다. 그런가 하면 페탱의 법 집행관들 역시 양심의 자유를 위해 출판물을 배포한 인쇄업자뿐만 아니라 개신교 신자들도 이곳에서 화형시켰다. 이러한 비극적인 사건으로 인해 모베르 광장은 상징적 장소가 되어 정교분리주의자들은 1890년대에는 8월 첫째 일요일에 이곳에서 집회를 열었다. 광장 맞은편에는 1930년에 지어진 메종 드 라 뮈튀알리테, 즉 '뮈튀'가 있는데 1970년대에는 시위 집회의 주요 장소로 사용되었다. 원래는 1,789석이라는 상징적인 좌석 수를 갖추고 있었다.

생 베르나르 부두
QUAI SAINT-BERNARD, 5구

이곳은 원래 오래된 이브리 길Chemin d'Ivry로 불렸지만 17세기에 필립 오귀스트의 성문 하나에서 이름을 딴 포르트 생 베르나르 부두가 되었다. 당시 이곳은 수영하기 좋은 유명한 장소였다. 앙리 4세는 장차 루이 13세가 될 아들과 함께 이곳에 와서 수영하는 법을 가르치는 것을 좋아했다고 한다. 이곳에서는 알몸으로 목욕하는 것이 관습이었는데 1680년 상인회장은 보수적 사람들의 압력에 굴복해 이를 금지했다. 이곳은 또한 활기찬 강 항구가 있던 곳이기도 하다. 1665년 마자랭은 이곳에 와인 시장을 설립하라고 명했다. 접근이 용이하고 창고가 넓었던 이곳은 한 세기가 넘는 기간 동안 수도의 와인 무역을 집중시켰다. 1808년, 소비가 계속 증가함에 따라 시장을 확장할 필요가 있었다. 1845년 생 베르나르 시장은 그 규모가 14헥타르에 달했지만 여전히 수요를 충족시키지 못했는데, 강을 통한 운송 말고는 철도 운송을 할 수 없기 때문이었다. 그 후 베르시에 있는 강의 우안에 다른 대형 창고가 지어졌고, 이 오래된 시장은 고급 와인과 증류주를 전문으로 취급하게 되었다. 하지만 오랫동안 계속 이어진 반대편 강둑의 늘어난 무게의 힘을 견디지 못해 1930년대에 무너지고 말았다. 1970년대에 생 베르나르 부두는 강둑으로 생기는 고속도로 건설 프로젝트에서 제외되었다. 현재 이곳에는 티노-로시 정원과 야외 조각 박물관이 있다. 날씨가 좋으면 파리지앵들이 춤추러 이곳을 찾는다.

파리 식물원
JARDIN DES PLANTES, 5구

1640년, 식물학자이자 왕의 주치의였던 기 드 라 브로스는 루이 13세를 설득해 왕립 약용식물 정원을 만들었다. 그러나 루이 14세의 시기에 이미 쇠퇴하기 시작한 이 정원은 앙투안 로랑 드 주시외의 도움을 받아 가-크레센트 파공에게 맡겨졌다. 이 두 식물학자는 정원의 명성과 과학적 기능을 회복하는 데 성공했다. 1739년, 과학자 조르주 루이 르클레르 드 뷔퐁이 관리인으로 임명되었다. 그는 정원을 자연사를 연구하는 실험실로 탈바꿈시켰다. 혁명 기간에 정원은 '파리 식물원'으로 이름이 바뀌었고 여기에 국립 자연사 박물관 본부가 세워졌다. 1794년, 많은 여행을 경험해 동물학에 조예가 깊은 『폴과 비르지니』의 저자 자크 앙리 베르나르댕 드 생피에르가 동물원을 만들었다. 파리 시민들은 코끼리, 원숭이, 야생동물, 물개, 그리고 1826년부터는 파리에 처음 발을 디딘 기린을 보기 위해 몰려들었다. 1871년, 포위당하고 굶주린 코뮌 가담자들도 동물원을 찾았는데, 동물들을 감상하기 위해서가 아니라 먹기 위해서였다. 20세기에 들어 박물관의 갤러리(동물학, 고생물학, 비교 해부학, 인류학, 광물학, 지질학)는 점차 일반에 공개되었다. 1994년, 먼지투성이의 동물학 갤러리는 매년 수천 명의 방문객을 끌어들이는 현대적인 진화 과학 박물관으로 탈바꿈했다.

생제르맹 데 프레
SAINT-GERMAIN-DES-PRÉS, 6구

12세기에 6세기 게르만 주교가 축성한 수도원 주변으로 마을이 형성되었다. 마을은 현재 6구의 경계를 넘어 필립 오귀스트가 지은 성벽 바깥까지 확장되어 있었다. 자신의 독립성을 강하게 고수하던 생제르맹 데 프레의 강력한 수도원은 1483년에 거대한 시장을 만들어 이 지역에 활력을 불어넣었다. 17세기에 수도사들의 학식은 수도원에 강한 지적 기운을 불어넣었다. 그래서인지 다음 세기에 디드로를 필두로 한 백과사전파 학자들이 이곳을 그들의 은신처로 삼았다. 그들은 앙시엔느 코메디 거리의 카페 프로코프에서 만났는데 나중에는 프랑스 대혁명의 사상가들이 이곳을 찾았다. 생제르맹 데 프레는 이렇게 예술가, 작가, 출판사, 서점가의 거점이 되면서 그 소명을 찾았다. 두 번의 전쟁을 치르는 동안 사람들은 플로르, 되 마고, 리프, 뤼 므리 등 명성 높은 카페에서 만남을 가졌을 뿐 아니라 카페에서 일을 하기도 했다. 이런 현상은 시몬 드 보부아르와 장 폴 사르트르가 스타로 떠오르며 1950년대에 절정을 맞았다. 또한 이 시대는 재즈 클럽의 전성기이기도 했는데 보리스 비앙, 줄리엣 그레코, 안 마리 카잘리스가 드나든 타부 등이 있었다. 이후 이곳은 소박함을 잃어갔다. 이제 생제르맹 데 프레 거리에는 지금까지도 그 흔적이 남아 있는 출판사 자리를 럭셔리 부티크들이 대신하고 있다.

뤽상부르 공원
JARDIN DU LUXEMBOURG, 6구

1610년 남편 앙리 4세가 사망한 후 마리 드 메디시스는 루브르궁을 떠나기로 결심했다. 그녀는 생트 주느비에브 산기슭에 있는 사냥터로 눈을 돌리고 그곳에 고향 피렌체의 장식을 재현하기로 했다. 그녀는 살로몬 드 라 브로스에게 궁전 건축을, 자크 보이소에게 정원 디자인을 맡겼다. 그러나 1631년 왕비의 추방으로 이 계획은 무산되고 말았다. 1778년, 이 지역은 미래의 루이 18세에게 귀속되었고, 그는 궁전 복원 자금을 마련하기 위해 일부를 매각했다. 토지 매입과 새로운 궁전 건설 사이에 뤽상부르 공원은 여러 차례 구성을 변경했다. 그 결과 재개발을 위한 오스만 프로젝트는 공원을 상당히 축소시켰지만 나폴레옹 3세는 그곳을 둘러본 후 정원의 일부를 보존했다. 이 정원을 어린이들에게 헌납할 생각을 한 것은 그의 삼촌 나폴레옹 1세였다. 이곳에 있는 정자와 한때 염소가 끌던 수레들은 이 시기에 만들어진 것이다. 오늘날 23헥타르에 달하는 이 공원에는 오렌지나무 정원, 희귀 원예 품종이 있는 온실, 오래된 품종의 사과가 보존된 과수원, 5세기의 조각을 대표하는 106개의 조각상과 큰 연못이 있으며 파리 사람들이 가장 좋아하는 만남의 장소 중 하나이다. 이 공원은 1836년부터 뤽상부르궁에 있는 상원 소유이다.

프랑스 학술원
INSTITUT DE FRANCE, 6구

이곳은 한때 네슬 탑이 있던 곳으로, 필립 왕의 두 며느리가 불륜을 저지른 장소로 역사에 기록되어 있다. 이 실제 간통 스캔들은 1314년에 발생했다. 이 사건은 시인 프랑수아 비용에 의해 널리 알려진 전설, 즉 프랑스 여왕이 탑 꼭대기에서 연인을 센강에 던졌다는 전설을 낳았다. 이 건물은 1663년 마자랭 도서관을 짓기 위해 철거되었고, 마자랭 도서관은 카트르 나시옹 대학 부속 건물로 사용되었다. 마자랭 추기경은 죽기 사흘 전 이 기관을 설립하기로 결정했는데, 이는 최근 프랑스에 합병된 4개 지방(아르투아, 알자스, 루시용, 사부아)에서 온 젊은이들을 대상으로 무료로 교육하기 위해서였다. 그의 유언 집행자인 콜베르는 루브르 박물관 맞은편에 새 대학 부지를 선정하고 건축가인 르 보를 선정했다. 두 개의 파빌리온과 그 유명한 돔은 1791년 문을 닫을 때까지 대학을 수용했다. 1805년, 나폴레옹 1세는 그때까지 루브르 박물관에 있던 아카데미를 이 성벽 안으로 이전하기로 결정했다. 1795년 학술원으로 통합한 이후 1832년부터는 아카데미 프랑세즈, 금석문·문예 아카데미, 과학 아카데미, 예술 아카데미, 윤리·정치 아카데미 등의 다섯 아카데미로 구성되어 있다.

에콜 데 보자르
ÉCOLE DES BEAUX-ARTS, 6구

이곳의 예술적 소명은 오래전으로 거슬러 올라간다. 마고 여왕은 이곳에 있던 프티 오귀스탱 수녀원의 루앙즈 성당에 자신의 걸작 컬렉션을 전시했다. 앙리 4세의 아내인 마리 드 메디시스도 그 뒤를 이었다. 프랑스 대혁명 기간, 수녀원은 프랑스 교회에서 압수한 보물을 보관하는 곳이 되었다. 1795년 알렉상드르 르누아르에게 관리권이 위임되었는데 그는 수많은 조각상, 부조, 정면 조각, 저명한 인물들의 무덤을 보존한 공로를 인정받았다. 그는 일반에게 공개되는 최초의 상설 전시관인 프랑스 기념물 박물관을 설립한 인물이었다.

그러나 사람들이 자주 방문하는 곳임에도 불구하고 루이 13세는 박물관을 폐쇄하기로 결정했고 1816년 에콜 데 보자르에 넘겼다. 신축 건설을 담당한 건축가 프랑수아 드브레는 1824년 로주 건물을 설계했다. 그의 제자 펠릭스 뒤방이 연구관과 고대 거장들의 복제품을 보호하는 유명한 유리 천장을 디자인했다. 20세기의 증축과 개보수를 통해 이 학교는 매력 넘치는 건축물로 거듭났다. 컬렉션은 학교 졸업생들의 작품으로 계속 풍성해졌다.

파리 의과대학
ÉCOLE DE MÉDECINE, 6구

13세기에는 의학과는 다른 분야인 외과가 지금의 에콜 드 메드신 거리에서 자리를 잡았다. 외과의사 장 피타르의 요청에 따라 생 루이는 그곳에 전적으로 그를 위한 학교를 세웠다. 르네상스 시대에 외과 기술이 상당한 발전을 이루면서 학교에는 자체 해부학실이 생겼다. 1769년 루이 15세는 건축가 자크 곤도인에게 건물 증축을 의뢰했다. 의학과 외과학 두 분야는 1793년에 이르러서야 협약 정부에 의해 통합되었다. 원래 에콜 드 상테(보건 학교)로 알려진 이 건물은 1808년 파리 의과대학으로 개명되었다. 1835년에 기윰 뒤푸트랑 교수의 유증으로 해부병리학 박물관이 문을 열었다. 확장 프로젝트는 진척을 보이지 못한 채 있다가 1875년에 새 대학 건물 공사가 시작되었다. 건물은 18세기의 건물들을 아우르며 생제르맹 대로까지 확장되었고, 기념비적인 입구는 의학과 수술을 상징하는 두 개의 상징으로 둘러싸여 있다.

피티에 살페트리에르 병원
HÔPITAL DE LA PITIÉ-SALPÊTRIÈRE, 6구

루이 14세는 아이귀용 공작부인에게 화약을 제조하던 곳이어서 '살페트리에르'라는 이름이 붙은 프티 아스날의 부지를 물려주었다. 그녀는 그곳에 호스피스 병원을 열었다. 1684년에는 끔찍한 구금 조건을 갖춘 여성 정신병동인 라 포스가 추가되었다. 그러나 가난한 사람들이 정신병자들과 함께 머물던 이 '파리의 빈민들을 구급하기 위한 병원'에서는 거의 아무런 처치도 이루어지지 않았다. 1748년 이곳에 부임한 의사 자크 테농은 인간다운 처치법을 실행하려 노력했다. 그러나 얼마 지나지 않아 혁명으로 혼란스러웠던 파리에서 살페트리에르는 환자들끼리 강간과 살해가 횡행하는 지옥 같은 장소로 변모했다. 1794년 필립 피넬이 도착하면서 마침내 이곳은 돌봄의 장소로 탈바꿈했다. 이 정신병 전문의는 정신병자를 바라보는 시각을 바꾸었고 그들을 사슬에서 해방시켰다. 장 에티엔 에스키롤이 그의 행동을 이어나갔다. 1882년, 세계 최초의 신경계 질환 의학 교수직이 장-마르탱 샤르코를 위해 설립되었으며, 그는 살페트리에르에 신경학 학과를 창설했다. 사순절 기간, 파리 전역의 유명 인사들이 참석하는 '정신병자들을 위한 파티'와 '간질 어린이를 위한 파티'가 열렸다. 1911년, 살페트리에르 옆에 '누벨 피티에'라는 이름의 새 병원이 세워졌다. 두 병원은 1964년에 합병되어 피티에-살페트리에르가 되었다.

에펠탑
TOUR EIFFEL, 7구

1889년 프랑스 혁명 100주년 기념 만국박람회를 위해 샹 드 마르스에 세워진 이 탑은 20년 동안만 서 있을 예정이었다. 다행히도 에펠탑의 설계자인 엔지니어 구스타브 에펠은 이곳에서 공기 저항과 공기 역학 실험, 기상 관측, 라디오, 통신 전송 등 에펠탑의 유용성을 입증하는 연구를 수행했다. 개장 당시 모든 파리 시민이 312미터 높이로 우뚝 솟은 이 놀랍도록 현대적인 금속 구조물의 건립을 환영한 것은 아니었다. 그러나 곧 그들은 이곳 없이는 살 수 없게 되었다. 1900년부터 1914년까지 꼭대기에 설치된 장치는 매일 정오에 울려 모든 사람이 시계를 맞출 수 있도록 했다. 라디오 송신기는 제1차 세계대전 당시 프랑스군이 스파이 마타 하리의 정체를 밝히는 등 적의 메시지를 포착하는 데 사용되었다. 대민 서비스로 전환해 1921년부터 라디오 프로그램을 방송하기 시작했고, 1925년에는 처음으로 텔레비전 송신을 시도했다. 에펠탑의 방송 기능은 멈추지 않았고, 새로운 기둥이 추가되어 오늘날 에펠탑의 높이는 327미터에 이른다. 베를렌이 '뼈대만 있는 탑'이라고 묘사한 에펠탑은 40여 년 동안 세계에서 가장 높은 기념물로 남아 있으며, 건축된 이후 거의 변하지 않았다. 주요 행사가 있을 때면 조명 장식을 하는 것은 전통이 되었다.

샹 드 마르스
CHAMP-DE-MARS, 7구

기원전 53년에 이곳에서 루테스 전투가 벌어졌다고 전해지며, 골족에 승리한 로마인들은 비옥한 이 평원을 샹 드 마르스라고 이름붙였다고 한다. 1751년 루이 15세가 사관학교를 짓기 위해 생트 주느비에브와 생제르맹 데 프레 수도원의 소유였던 이 부지를 매입했다. 이 새 건물 바로 맞은편에 위치한 샹 드 마르스는 훌륭한 연습 장소가 될 수 있었다. 하지만 센강의 멋진 경치를 볼 수 있어 군사 훈련장으로만 이용했다. 1783년 이곳에서 몽골피에 형제가 최초로 열기구를 날리는 장면이 대중에게 공개되었다. 4년 후, 농학자 앙투안 파르망티에가 이곳에 신대륙 감자를 심었고, 이는 성공을 거두었다. 1790년 7월 14일, 공화주의자들의 축제 중 하나인 시민 연맹 축제를 위해 다시 한 번 군중이 모여들었다. 나폴레옹 1세는 다시 이곳에서 퍼레이드를 벌였고, 이후 정부는 1867년 만국박람회를 위한 파빌리온이 들어설 때까지 이 상징적인 장소를 방치했다. 이 공간은 큰 주요 행사에 이상적이었는데 1878년, 1889년, 1900년, 1937년 전시회에도 사용되었다. 현재 샹 드 마르스에는 1889년에 지어진 에펠탑만 남아 있다. 샹 드 마르스는 대규모 콘서트와 불꽃놀이가 열리는 공공 정원이 되었다.

앵발리드
HÔTEL DES INVALIDES, 7구

이름에서 알 수 있듯이 앵발리드는 원래 앙시앵 레짐 프랑스와 이웃 국가들 간의 끊임없는 분쟁에서 돌아온 군인들을 수용하기 위해 설계된 곳이었다. 앙리 4세가 구상했고 루이 14세가 실행에 옮겼다. 1670년, 그는 장관 루부아에게 건축을 맡겼다. 이 시설에는 중상자를 위한 병원과 작업장이 있었는데 여기서는 4천 명의 하숙생들이 유니폼과 기타 작업물을 생산하여 유지 비용을 상쇄했다. 성소인 생 루이 교회는 1676년, 베르사유 건축가 중 한 명인 쥘 하두인 만사르트의 지휘 아래 지어졌다. 교회의 돔을 덮기 위해 55만 장의 금박이 사용되었다. 1789년, 앵발리드에서 거주하던 사람들은 반란군에게 성문을 개방하고 건물에 보관되어 있던 수천 자루의 소총을 넘겨주었다. 1792년에 설립된 제1공화국은 주저 없이 노병들을 전쟁에 징용했다. 1804년 나폴레옹은 이들에게 처음으로 명예 십자 훈장을 수여했다. 그는 또한 루이 14세의 장군인 투렌과 보방을 돔 아래에 묻어 앵발리드를 군사 팡테옹으로 만들었다. 생트 엘렌에서 가져온 그의 유골은 1840년에 이 위대한 군인들과 재회했다. 그 후 나폴레옹 3세는 1861년 지하 동굴을 팠는데 삼촌의 붉은 반암 무덤은 중앙에 두었다.

부르봉 궁전
PALAIS BOURBON, 7구

국회의원들이 드나드는 국회의사당에 프랑스 마지막 왕조의 이름이 새겨져 있다는 사실이 조금 놀랍다. 원래 이 궁전은 1722년 루이 14세와 마담 드 몽테스팡의 딸인 부르봉 공주를 위해 지어졌다. 혁명 기간 압수되어 일시적으로 '예전의 부르봉'이라고 불렸다. 1795년, 입법부인 500인 의회가 들어섰다. 여러 정권을 거치면서 이 궁전은 나중에 하원으로 남게 되었다. 공주의 웅장한 아파트는 반원형 회의장으로 변형되었다. 1798년에 개관한 이 홀에는 의회 의장을 위해 마련된 의장석과 연설자들이 연설하던 연단이 남아 있다. 1800년 마들렌 교회의 건축가 베르나르 포예는 나폴레옹 1세의 의뢰를 받아 외관을 재건했다. 그는 콩코드 다리에 의해 센강 우안의 시야가 가려지지 않도록 30계단 위에 12개의 기둥을 세운 회랑을 설계했다. 박공은 황제의 오스테를리츠 승리를 찬양하는 얕은 부조로 장식되었다. 루이 18세는 이를 더 거대하게 바꾸었다. 루이 필립은 이번에는 프랑스에 헌정하기 위해 모티브를 변경하도록 명령했다. 부르봉 궁전의 외관 장식에는 더 이상 큰 변화가 없었지만, 반면 내부는 19세기와 20세기에 걸쳐 의원들이 일하고 휴식을 취할 수 있는 공간을 제공하기 위해 많은 변화를 거쳤다.

르 봉 마르셰
LE BON MARCHÉ, 7구

1852년, 아리스티드와 마그리트 부시코는 백화점이라는 개념을 창안했다. 세브르 거리의 르봉 마르셰에서는 가격이 고정되어 진열되었다. 고객들은 원하는 대로 매장에 들어와 구경하며 돌아다녔다. 그들은 백화점에서 당시 패션 아이템인 '신상'을 구경했다. 속옷과 장갑 진열대를 지난 고객들은 한 장소에서 모자부터 신발까지 착용해 볼 수 있었다. 1869년, 건축가 루이 샤를 불로와 금속 건축의 거장 아르망 모이상의 지휘 아래 부시코 부부는 매장을 대대적으로 확장하기 시작했다. 구매 후 교환이나 환불이 가능한 품질 보증, 택배 서비스, 여성 화장실과 동반자를 위한 독서실, 통신 판매 등 대담한 혁신으로 많은 사람들을 끌어모았다. 1877년 르 봉 마르셰는 대부분 여성인 3,500명의 직원을 고용했으며, 이들은 다양한 사회적 혜택을 받았다. 아리스티드 부시코가 사망한 후, 마르그리트는 지방 고객을 수용하기 위해 강 좌안의 유일한 고급 호텔 루테티아를 지었다. 르 봉 마르셰는 원래 노동자 계급과 중산층을 포함한 모든 여성을 대상으로 했지만 지금은 LVMH 그룹에 통합된 럭셔리 백화점이다.

오르세역
GARE D'ORSAY, 7구

1810년부터 건설된 오르세궁에는 외무부, 감사원, 국무원 등이 입주해 있었다. 오르세궁은 1871년 파리 코뮌 때 화재로 소실된 후 1897년까지 흉물스럽게 방치되어 있었다. 그 후 정부는 1900년 만국박람회가 열릴 때 승객들에게 가까운 도착지를 제공하고자 하는 오를레앙 철도회사에 이 땅을 매각했다. 18세기부터 개인 저택이 있었고 튈르리 궁전으로 인해 고상한 분위기를 자아냈던 오르세 광장의 고급스러운 환경을 방해하지 않는 것이 중요했다. 건축가 빅토르 랄루는 고전적인 외관을 선택했고, 그 뒤에 모더니즘의 최첨단을 보여주는 금속 구조물을 숨겼다. 이 프로젝트에는 호텔도 포함되어 있었으며, 여기서 수많은 연회와 정당 집회가 열렸다. 오르세역은 프랑스 남서부 전역에 서비스를 제공했다. 하지만 1939년에는 기술적 문제에 봉착했다. 플랫폼이 너무 짧아 교외 열차만 이용할 수 있었던 것이다. 1945년 전쟁 포로들이 귀환했을 때는 웰컴센터로, 르노-바로 극장의 임시 숙소로, 이후 드루오 호텔이 보수 기간 동안 사용했던 이 아름다운 건물은 1973년에 거의 철거될 뻔했지만 다행히 역사 기념물로 분류되어 건물을 구할 수 있었다. 그 후 19세기 후반의 미술관 프로젝트가 현실화되기까지 거의 10년이 걸렸다. 오르세 미술관은 1986년에 개관했다.

샹젤리제

CHAMPS-ÉLYSÉES, 8구

1667년 수석 조경사인 르 노트르는 루이 14세의 명령에 따라 그랑 쿠르$^{Grand\ Cours}$를 만들었다. 이 가로수 길은 튈르리궁에서 서쪽까지 조망을 넓혔고 1724년에는 에투알 광장까지 확장되었다. 1709년에 붙여진 샹젤리제라는 이름은 그리스 신화에서 영웅과 고결한 영혼이 머무는 곳을 암시하는 것으로, '낙원 같은 장소'라는 의미를 담고 있다. 하지만 실제로는 어둠의 사람들이 선술집을 자주 드나들었기 때문에 사람들은 밤에 그곳에 가기를 꺼려했다! 후일, 정부는 길을 넓히고 불한당들을 쫓아내기 시작했다. 19세기에는 샹젤리제 거리가 우아한 산책로가 되었다. 특색있는 저택, 레스토랑, 파노라마(착시화가 있는 원형 건물) 등이 곳곳에 생겨났다. 이 화려한 시대에 샹젤리제는 세계에서 가장 아름다운 길로 명성을 떨쳤다. 20세기에는 명품 매장과 그 본사들이 오늘날 흔히 알려진 '샹'으로 부르는 거리를 점차 점령해 나갔다. 1970년 RER의 등장으로 명품은 사라지고 인기 있는 국제 브랜드가 들어섰다. 오늘날 수천 명의 관광객이 1994년에 막대한 비용을 들여 넓힌 길을 따라 산책하지만, 샹젤리제에는 더 이상 아무도 살지 않는다.

엘리제궁
PALAIS DE L'ÉLYSÉE, 8구

1718년 에브뢰 백작이 샹젤리제 거리에서 아주 가까운 곳에 저택을 지었을 때만 해도 이곳은 전원적인 장소였다. 고전 건축물의 걸작인 데브뢰 저택은 파리에서 가장 우아한 장소 가운데 하나로 인정받았다. 퐁파두르 후작은 1753년에 이 저택을 구입한 후 이곳을 루이 15세에게 증여했고 그는 특별 대사들을 위한 숙소로 사용했다. 루이 16세는 다시 이곳을 증축해서 팔았다. 혁명 기간, 새 주인이 된 부르봉 공작부인은 한동안 옥살이를 해야 했다. 1797년 그녀가 다시 이 저택을 되찾았을 때 이곳을 유지할 자금이 딸리자, 일부를 상인 오뱅에게 임대했고, 그는 살롱과 정원에서 파티를 개최했다. 이 파티는 샹젤리제를 산책하는 사람들을 끌어들였고 이 저택은 지금의 이름을 갖게 되었다. 이 저택을 물려받게 된 오뱅의 딸은 1805년 제국의 총사령관인 호아킴 뮈라에게 다시 팔았으며 9년 후 나폴레옹 1세는 이곳에서 퇴위 서명을 했다. 튈르리궁에 살던 그의 조카 나폴레옹 3세는 자신의 정부인 루이즈 드 메르시 아르장토를 위해 대대적인 증축을 명령했다. 귀빈을 위한 품격 있는 숙소가 된 엘리제는 1873년 선출된 모리스 드 마크 마옹 대통령 때부터 공화국의 공식 대통령 관저가 되었다. 역대 대통령들은 이 관저를 자신의 취향대로 꾸몄는데, 조르주 퐁피두 대통령이나 프랑수아 미테랑 대통령 등은 현대 디자이너들에게 의뢰했다.

콩코드 광장

PLACE DE LA CONCORDE, 8구

1748년, 루이 15세는 치명적인 병마와 싸운 후 건강을 되찾았다. 파리는 그의 회복을 기리기 위해 기마상을 세우기로 했다. 황량한 황무지였던 이곳은 튈르리궁과 샹젤리제 거리를 연결하는데, 파리 서쪽으로 고급스럽게 증가하는 도시화 계획에 완벽하게 어울리는 장소였다. 왕의 수석 건축가이자 퐁파두르 부인의 정부였던 자크 앙주 가브리엘은 기마상을 중심으로 팔각형의 산책로를 설계하여 이곳을 루이 15세 광장으로 명명했다. 혁명기에 기마상은 철거되고 자유의 상징물로 대체되었다. 혁명 광장으로 이름이 바뀐 이 광장에는 기요틴이 설치되어 루이 16세를 포함한 천 명 이상의 사람들이 처형되었다. 1836년 루이 필립 왕의 지시로, 이 광장은 콩코드(화합)라는 평화로운 이름을 갖게 되었고, 이집트 파샤가 기증한 분홍색 화강암 오벨리스크가 정치적 의미가 없는 기념물로 장식되었다. 그 후 두 개의 분수가 장식으로 추가되었는데 이 분수는 광장 북쪽에 늘어선 두 개의 대형 쌍둥이 저택 중 하나에 청사가 있는 프랑스 해군을 기념하기 위한 것이었다.

그랑 팔레
GRAND PALAIS, 8구

1889년 만국박람회에서 파리는 모두를 압도하는 에펠탑으로 깊은 인상을 남겼다. 1900년 박람회에서는 어떻게 더 나은 모습을 보여줄 수 있을까? 앵발리드에서 엘리제궁에 이르는 공화주의자들의 아이디어가 채택되었다. 1855년 박람회 때부터 사용되던 팔레 드 랭뒤스트리는 새로운 도로를 따라 프티 팔레와 그랑 팔레라는 두 개의 새 건물을 짓기 위해 희생되었다. 전시회 심사위원단은 그랑 팔레의 어떤 설계도 만족스럽지 않았기 때문에 세 명의 건축가에게 함께 작업할 것을 요청했다. 공사 완료까지 3년밖에 남지 않았다. 지반이 견고하지 않아 말뚝을 박아 건물을 올려야 하는 예상치 못한 변수로 인해 프로젝트가 지연되었다. 그랑 팔레에는 최대 1만 5천 명의 인력이 투입되었다. 그 결과 약 6,000톤의 강철을 사용한 금속 구조물이 유명한 본당의 유리 지붕을 지탱했다. 석조 외관은 루브르 박물관에서 영감을 받았다. 조르주 레시퐁의 4개의 청동 조각이 센강과 샹젤리제 거리 쪽 모서리를 장식하고 있다. 계획대로 그랑 팔레는 이후 예술과 무역 박람회를 위한 장소가 되었다. 1937년에는 팔레 드 라 데쿠베르트의 본거지가 되었고, 1964년에는 그 일부를 개조하여 주요 전시회를 개최했다. 1993년 지붕 구조물의 리벳이 떨어지면서 중앙홀은 폐쇄되었고, 12년간의 보수 공사를 거친 후에야 다시 문을 열게 되었다.

've# 프티 팔레
PETIT PALAIS, 8구

프티 팔레는 1900년 만국박람회를 위해 지어졌다. 니에브르의 건축가 샤를 지로가 파리시에서 주최한 공모전에서 우승하면서 작업을 맡았다. 그의 작업은 벨기에 국왕 레오폴드 2세를 매료시켰고, 왕은 그를 자신의 전속 건축가로 삼았다. 프티 팔레는 원래 전시회가 끝난 후 파리시의 미술관이 될 예정이었다. 지로는 입구 파빌리온에서부터 방문객에게 깊은 인상을 심어 예술과 도시를 모두 기리고자 설계했다. 방문객들은 돔으로 둘러싸인 아치형 현관을 통해 팔레로 들어서는데, 내부는 패션 예술가 알베르 베스나르가 그린 아치형 천장이 특징이다. 이 웅장한 입구 홀은 원형 기둥으로 둘러싸인 반원형 정원으로 이어지며, 그 주위로 궁전의 네 건물이 사다리꼴 형태로 배열되어 있다. 지로는 동선에 특히 신경을 써서 벽화와 모자이크 바닥으로 장식했다. 박물관은 1902년에 문을 열었지만 장식 작업은 1925년까지 계속되었다. 루앙의 수집가인 뒤투이 형제가 기증한 2만 점의 작품이 이미 보물창고에 들어와 있었다. 이 소장 목록에는 예술 거장들의 그림과 판화가 포함되어 있으며, 이는 프티 팔레의 상당한 그래픽 아트 컬렉션의 토대가 되었다. 2000년대, 박물관은 현대 사진까지 전시 폭을 넓혔다.

알렉상드르 3세 다리
PONT ALEXANDRE-III, 8구

이렇게 화려하고 성대하게 주춧돌을 놓는 경우는 드물다! 1896년 10월, 니콜라이 2세 황제가 참석한 가운데 기념식이 열렸다. 프랑스는 1891년 프랑코-러시아 동맹을 체결한 그의 아버지 알렉산더 3세를 기리고자 했다. 이 다리는 1900년 만국박람회에서 개통될 예정이었다. 엔지니어 장 레살이 도전에 나섰다. 다리는 앵발리드와 샹젤리제 거리를 연결하는 축과 나란해야 했기에 다리는 약간 비스듬히 건설되었다. 물의 흐름을 방해하지 않기 위해 중간 지지대가 없는 단일 아치를 구상했다. 성형된 강철 부품은 르크루소 공장에서 센강에 도착해 제작되었다. 최근 발명된 가압 케이슨 덕분에 강바닥에 기초를 파는 것이 가능해졌다. 물에서 영감을 얻은 주철 장식은 장식의 기능과 균형추의 기능을 결합했다. 쥘 달루, 조르주 가르데, 조르주 레시풍 등 당시 가장 유명한 조각가들도 작업에 참여했다. 유명 여신들, 프랑스, 사자, 물의 수호신들, 님프, 큐피드 등 매우 풍부한 조각품이 시리즈로 제작되었다. 놀라울 따름이다! 이 호화로운 다리는 예정대로 완공되었다. 오늘날 이 다리는 그랑 팔레 및 프티 팔레와 함께 1900년 박람회에서 살아남은 특권을 누리고 있다.

바토 무슈
LES BATEAUX-MOUCHES, 8구

최초의 바토 무슈는 1862년 리옹의 산업 지구인 게를랑의 공방에서 탄생했는데 '라 무슈'라는 별명을 가졌다. 물건과 사람을 운송하는 데 사용된 바토 무슈는 빠른 속도와 저렴한 가격 덕분에 큰 성공을 거두었다. 1867년 만국박람회 주최 측은 바토 무슈 30척을 주문했고, 이 배들은 사온^{Saône}, 부르고뉴 운하, 욘^{Yonne}, 그리고 마침내 센강을 통해 수도로 운송되었다. 이렇게 해서 경찰청장이 교통을 관리하던 '바토-옴니뷔스 회사'가 탄생했다. 1885년부터 다른 회사들도 이 수익성 높은 사업에서 경쟁을 벌였다. 이들은 모두 이듬해 '파리 바토 일반 회사'라는 이름으로 합병되었다. 1900년 지하철이 개통되면서 이 강의 운송수단은 쓸모없어졌고 1926년에는 그 자취를 감추었다. 1949년, 레저 산업이 성장할 것이라고 확신한 사업가 장 브루엘은 마지막 남은 배 중 하나를 유람선으로 개조하고 'Compagnie des Bateaux-Mouches' 상표를 등록했다. 이를 위해 그는 장 세바스티앙 무슈라는 캐릭터를 만들었고, 새로운 서틀을 발명했다고 알려진 이 가상의 인물에 대한 전기와 흉상까지 만들었다! 이 독창적인 아이디어는 관광 산업의 성공에 기여했다. 오늘날 바토 무슈는 퐁 드 랄마^{pont de l'Alma}에서 조금 떨어진 포르 드 라 콩페랑스^{port de la Conférence}에서 출발한다.

마들렌 성당
ÉGLISE DE LA MADELEINE, 8구

13세기부터 성 막달라 마리아에게 헌정된 예배당이 있었는데 17세기에 성당으로 대체된 이 새로운 성소는 콩코드 광장과 연결된 루아얄 거리 건설 이후 계획되었다. 루이 15세는 건축가 피에르 콩탕트 디 브리에게 설계를 의뢰하고 1763년 첫 돌을 놓았다. 프랑스 대혁명 당시, 성당은 중심부까지 완공되었지만 반란군들은 이를 완성하지 못했다. 나폴레옹 1세는 제국 치하에서 프랑스 중앙은행, 상업법원, 파리 증권거래소를 이곳에 설치하려고 했다. 1806년, 그는 마침내 군대의 영광을 기념하는 기념비를 세우기로 결정했는데 건축을 일임한 건축가 알렉상드르 비뇽은 처음부터 새로 건물을 짓기 시작했다. 6년 후, 황제는 자신의 마지막이 가까웠다는 것을 감지하고 성당의 건축 프로젝트를 시작했지만 완공을 보지 못했다. 비뇽 역시 마찬가지였는데 동생 루이 16세를 위한 성전으로 바꾸려는 생각을 가진 루이 18세에 의해 공사가 지연되었기 때문이다. 마침내 비뇽과 함께 일했던 장 자크 마리 위베가 1845년에 이르러서야 성당을 완공할 수 있었다. 12년에 걸친 공사 끝에 18세기 고전주의의 진주가 되려던 성당은 19세기 신고전주의의 걸작이 되었다.

몽쏘 공원

PARC MONCEAU, 8구

오를레앙 가문의 하나인 루이 13세의 후손, 샤르트르 공작 루이 필립 조셉은 루이 14세와 마담 드 몽테스팡의 딸 사이에서 태어났다. 이런 위대한 조상의 후예인 그는 태생적으로 자유로운 정신을 가지고 있었다. 따라서 당시 파리 외곽에 위치한 별장을 일컫던 폴리 공원을 조성하기 위해 조경가 카르몽텔에게 완전한 자유를 부여한 것은 놀라운 일이 아니다. 예술가는 야외에서 강을 파고 코린트식 기둥으로 둘러싸인 연못을 파는 작업에 힘을 쏟았다. 그는 로마와 고딕 양식의 유적, 네덜란드식 풍차, 첨탑, 파고다, 피라미드 등 다양한 건축물과 함께 초목을 강조했다. 샤르트르 공작도 로툰다 파빌리온을 지어 자신의 특별한 부지를 감상할 수 있게 했다. 그는 혁명 기간 동안 필립 에갈리테라는 이름으로 제1공화국을 지지했지만 자신의 재산이 몰수되는 것을 막지 못했고 1793년 참수형도 피하지 못했다. 오를레앙 가문은 복고 시대에 공원을 되찾았고 1852년 이를 매각했다. 절반은 은행가 에밀과 이삭 페레르에게 양도했는데 그들은 그곳에 개인 저택을 지었다. 국가가 매입한 나머지는 엔지니어 장 샤를 알팡, 조경가 장 피에르 바릴레 데샹, 건축가 가브리엘 다비우드에게 맡겨져 파리에서 가장 매력적인 공원 중 하나로 탈바꿈했다.

개선문
ARC DE TRIOMPHE, 8구

로마인들은 승리의 군대가 지나가는 조각품으로 장식된 석조 아치를 만들었다. 1806년 나폴레옹 1세는 이를 모방하기로 결정했다. 그는 오스테를리츠 전투에서 막 승리한 군대에 경의를 표하고 싶었다. 그는 파리를 들어오려면 출입세를 내야 했던 옛 성문 중 하나인 에투알 터를 선택했다. 이곳은 1853년 오스만 남작이 설계한 12개의 대로가 만나는 광장의 명성을 아직 떨치지 못하고 있었다. 나폴레옹은 웅장한 건축물을 원했는데, 기초 공사에만 2년이 걸렸다. 하지만 황제도, 건축가 장 프랑수아 테레즈 샬그랭도 개선문이 완성되는 것을 보지 못했다. 1836년 개선문을 개관하는 영광을 누린 것은 루이 필립 왕이었다. 그 이후로 어떤 정권이나 정부가 집권하든 개선문은 국가의 상징으로 남아 있게 되었다. 1920년에는 1914~1918년 전쟁의 무명 희생자인 '무명용사'의 무덤이 아치 아래에 설치되었다. 1923년에 이곳에 추모의 불꽃이 점화되어 매일 저녁 다시 불을 밝히고 있다. 이곳은 프랑스가 군인을 파견한 모든 전쟁의 참전 용사들이 추모식 때 화환을 놓는 장소이기도 하다. 이 엄숙한 전통은 아치 아래를 지나간 공군 에이스, 영원한 불꽃 위에 달걀을 올려놓은 가수 예예 헥터, 무명 군인이 아닌 그들의 아내를 추모하는 화환을 놓은 페미니스트들에 의해서만 깨졌다.

오페라 가르니에
OPÉRA GARNIER, 9구

1858년, 나폴레옹 3세는 르 펠트리에 오페라 극장 앞에서 자신에게 가해진 암살 시도를 피했다. 바로 다음 날, 그는 제국에 걸맞은 화려함을 갖춘 새 건물을 짓기로 결정하고 건축가 선정을 위한 국제 공모전을 개시했다. 경험이 많지 않았음에도 불구하고 샤를 가르니에는 모두를 놀라게 하며 우승했다. 파리 총독이자 파리 건축의 위대한 기획자였던 오스만 남작이 대대적인 리노베이션을 하던 지역이 부지로 선정되었다. 높은 성벽 뒤에 가려진 채 1861년 공사가 시작되었지만 지하수 발견과 같은 장애물로 인해 점차 예산이 늘어났다. 1867년 메인 파사드가 공개되었다. 유지니 황후는 스타일이 부족하다고 불만을 토로했지만 가르니에는 나폴레옹 3세의 스타일이라며 영리하게 반박했다. 1870년 전쟁과 제2제국의 몰락으로 공사는 중단되었다가 마침내 1875년 1월 5일에 문을 열었다. 선택된 관객은 웅장한 대리석 계단을 올라 거울과 유리창이 공간감을 강조하는 로비를 돌아다니며 붉은색과 금색의 홀에서 뛰어난 음향 효과를 감상할 수 있었다. 1964년 마르크 샤갈이 새로운 천장을 디자인했다. 1896년에는 8톤에 달하는 거대한 크리스털 샹들리에가 관객 위로 떨어져 사상자가 발생했지만 오늘날에도 여전히 그 자리를 지키고 있다.

그랑 불르바르(대로)
GRANDS BOULEVARDS, 9구

이브 몽탕은 "그랑 불르바르를 따라 걷는 걸 좋아해..."라고 노래했다. 파리지앵들은 3세기 이상 이 즐거움을 함께 누렸다! 루이 13세는 1660년경부터 나무가 심어진 넓은 포장도로를 만들기 위해 이 도시에 손을 대기 시작했다. 새로운 대로는 우안에서 서쪽에서 동쪽으로 가로지르고 있다. 부유한 주택가가 있는 마들렌 대로가 카푸신 대로와 연결되었다. 오페라를 향해 가면서 레스토랑과 카페, 멋진 상점과 극장으로 가득한 번잡함을 느낄 수 있다. 오페라 거리와 나란히 이어지는 이탈리아인 거리는 여러 번 이름이 바뀌다가 유명한 극장의 이름을 따서 오페라 코미크 거리로 이름이 바뀌었다. 다이제스트 시대부터 1910년대까지 이곳은 우아한 여성들의 퍼레이드 현장이었다. 몽마르트르 10번가에 있는 알프레드 그레뱅의 놀라운 밀랍 인형 박물관은 1882년 문을 연 순간부터 많은 인파를 끌어모았다. 푸아소니에르 거리는 불로뉴 쉬르 메르 생선 상인들의 길을 따라 이어져 이런 이름이 붙여졌다. 이곳에는 영화 초창기로 거슬러 올라가는 두 개의 영화관, 즉 그랑 렉스와 막스 린더가 있다.

프렝탕 백화점
LE PRINTEMPS, 9구

1853년, 니베르네 출신의 청년 쥘 잘루조는 파리에서 자신의 운을 시험해 보고자 했다. 그는 봉마르셰에서 일하던 중 여배우 오귀스틴 피게악을 만나 1864년 결혼했다. 신부의 풍부한 지참금 덕분에 그는 자신의 백화점을 열겠다는 꿈을 이룰 수 있었다. 당시 생라자르 역 주변은 호황을 누리고 있었기에 이상적인 장소로 보였다. 1865년, 오스만 대로와 뒤 아브르 거리 모퉁이에 첫 번째 프렝탕 매장이 문을 열었고 1874년에는 4개의 건물이 증축되었다. 모든 건물에 엘리베이터가 설치되어 있었는데, 당시로서는 정말 획기적인 일이었다! 또한 시즌 마감 세일이라는 새로운 판매 기법도 도입했다. 1881년, 화재로 인해 본점의 일부가 소실되자 잘루조는 이를 기회로 삼아 아르누보 건축가 폴 세딜에게 새 건물 설계를 의뢰했다. 1883년에 완공된 이 매장에는 최초로 전기 조명이 설치되었다. 이러한 성공에도 불구하고 프렝탕은 재정적 위기를 겪게 되고 1905년 설립자가 세상을 떠났다. 새로운 소유주인 구스타브 라기오니는 곧바로 두 번째 매장인 현재의 프렝탕 오스만을 지었다. 건축가 르네 비네는 네 개의 회전 계단이 있는 중앙 계단을 만들었고, 유리 장인 브리에르는 1923년에 파란색 스테인드글라스 창문이 있는 돔을 만들었다. 그 사이에 프렝탕은 마네킹이 있는 윈도 디스플레이라는 새로운 혁신을 선보였다.

포르트 생 마르탱
PORTE SAINT-MARTIN, 10구

골족의 요새로부터 현재의 순환도로에 이르기까지 파리의 성벽은 도시의 성장과 함께 발전해 왔다. 당연히 성벽에는 입구가 필요했고, 그중 일부는 그 용도가 사라진 후에도 살아남았다. 포르트 생 마르탱이 바로 그런 경우이다. 1674년 루이 14세의 명령에 따라 지어진 이 문은 14세기에 지어진 샤를 5세의 성곽에 있던 문을 대체했다. 13세기 초 필립 오귀스트가 성벽에 세운 같은 이름의 첫 번째 문을 대체한 것이었다. 이 18미터 높이의 개선문은 1668년부터 인근 그랑 불르바르의 처음 시작인 누보 쿠르의 설계를 맡았던 피에르 뷜레가 설계한 것이다. 우화적인 부조는 네덜란드 전쟁에서 이긴 루이 14세의 승리를 기념한다. 건물을 장식하는 맨 꼭대기는 "브장송과 프랑슈콩테를 두 번이나 점령하고 독일, 스페인, 네덜란드 군대를 물리친 루이 대왕에게"라는 문구가 라틴어로 새겨져 있으며 거기에는 파리의 시의회에 해당하는 상인회장과 시의원들이 서명했다. 18세기부터 포르트 생 마르탱 지구는 여러 유명 극장이 자리한 인기 있는 만남의 장소가 되었다.

# 포르트 생 드니
PORTE SAINT-DENIS, 10구

이 관문은 생 드니 거리에서 포부르-생 드니 거리로 넘어가는 길목에 있다. 이 동맥은 루테티아에서 갈로-로마의 카톨라쿠스 마을로 이어지는 로마 도로의 선을 따라 이어지는데, 전설에 따르면 파리의 초대 주교였던 데니스가 참수당한 후 자신의 머리를 손에 들고 항복한 곳이라고 한다. 순교자의 무덤 위에 성당이 세워져 6세기부터 왕실 묘지가 되었다. 프랑스의 모든 왕이 생 드니에 묻힌 것은 아니지만, 모든 왕은 수많은 의식이 거행된 이 성당을 매우 소중히 여겼다. 신전에 도착하기 위해 왕의 행렬은 포르트 생 드니를 통과해야 했다. 현재의 기념비는 루이 14세를 기리기 위해 1672년에 세워졌다. 왕의 기술자 프랑수아 블롱델과 조각가 미셸 앙기에에게 맡겨진 이 건축은 81년 로마에 세워진 티투스 아치에서 영감을 받은 것이다. 1750년부터는 루이 15세가 지역 주민들의 폭동으로 인해 대성당으로 가는 다른 길을 만들었기 때문에 더 이상 왕의 행렬이 이 관문을 통과하지는 않았다.

바스티유 광장
PLACE DE LA BASTILLE, 11구

14세기에 지은 바스티유는 샤를 5세의 성벽의 일부였다. 리슐리외는 이곳을 국가 감옥으로 개조했다. 왕실의 독단적 권력을 상징하는 이곳은 1789년 혁명가들의 첫 번째 표적이 되었다. 바스티유 함락 다음 날, 기업가 피에르 프랑수아 팔로이는 수백 명의 노동자를 보내 바스티유 철거를 시작했다. 동시에 그는 "인증된" 돌을 판매하기 시작했고, 1790년에는 최초의 바스티유의 날 7월 14일 축제를 조직했다. 1792년, 이곳에 기념 기둥을 세우기로 결정했지만 실행되지 않았고, 1830년 루이 필립이 왕위에 오른 '영광스러운 사흘'로 알려진 7월의 날을 기념하기 위해서야 비로소 완성되었다. 중성적인 자유의 화신은 여전히 정상에 서 있다. 오늘날 '7월의 기둥'이라 불리는 이 기둥은 바스티유의 코끼리를 대체했는데, 이는 나폴레옹 1세를 기리는 기념 분수였으며, 빅토르 위고는 1832년 봉기 당시 그의 인물 가브로슈가 이곳에 피신하는 장면을 묘사했다. 1871년, 파리 코뮌 지지자들은 이 상징물에 불만을 품고 파괴하려 했지만 실패했다. 수많은 항의 시위나 축제가 이 광장에서 열렸으며, 1862년부터 그 아래에는 생마르탱 운하가 흐르고 있다.

리옹역
GARE DE LYON, 12구

1847년, 이곳에는 승객을 태우기 위해 파리-리옹-지중해 철도회사(PLM)가 사용했던 간단한 목조 다리 탑승장이 있었다. 〈마자스〉 교도소 맞은편에 있는 이곳의 위치는 PLM 마음에 들지 않아 주정부로부터 다른 부지를 확보하기 위해 노력했지만 소용없었다. 교통량은 계속 늘어났고 1855년 센강의 범람으로부터 보호하기 위해 언덕 위에 석조 건물을 세워 부두를 대체했다. 여러 역을 설계한 건축가 마리우스 투두아르는 1900년에 새 건물의 설계도를 완성했다. 그 후 새로운 역을 위한 공간을 마련할 뿐 아니라 곧 열릴 만국박람회를 찾는 방문객들이 불쾌감을 갖지 않도록 감옥을 철거했다. 이 역의 주요 명소는 67미터의 종탑에 자리 잡은 시계로, 네 면에 모두 시계판이 있다. 또한 세심하게 관리된 건축 유산인 대형 유리 지붕도 있다. 2010년에 진행된 대대적인 리노베이션 공사로 두 개가 더 추가되었다. PLM은 1900년, 승객들이 쾌적한 환경에서 식사할 수 있는 뷔페 식당을 만들었다. 넓은 객실과 푹신한 좌석, 금박과 41점의 그림으로 장식된 이 시설은 1963년 트랭 블루(블루 트레인)로 이름을 바꾸고 1970년 역사 기념물로 등재되었는데 코코 샤넬과 마르셀 파뇰은 이 식당의 단골이었다.

나시옹 광장
PLACE DE LA NATION, 12구

1660년, 루이 14세가 막 결혼한 오스트리아의 마리 테레즈를 생장드루즈에서 데리고 온 것을 환영하기 위해 왕좌가 세워졌을 때까지만 해도 이곳은 황무지였다. 이곳은 '왕좌(트론) 광장'으로 알려지게 되었다. 콜베르가 이 행사를 기념하기 위해 건설하고자 했던 개선문은 완성되지 않았지만, 인본주의 도시 계획의 창시자인 클로드 니콜라 르두가 1784년에 만든 두 개의 기둥이 여전히 트론 광장의 입구를 표시하고 있다. 혁명 기간, 광장은 트론 랑베르세(전복된 왕좌) 광장으로 이름이 바뀌었고 단두대가 세워졌다. 이곳은 후에 조르주 베르나노스에게 그의 유일한 연극 작품의 영감을 준 콩피에뉴의 가르멜회 수녀들이 사망한 곳이다. 주변 지역의 도시화는 제2제국 때에 이르러서야 비로소 시작되었다. 이 시기에도 새로운 개선문 프로젝트는 실패했다. 그러나 프랑스 혁명 100주년을 기념하기 위한 동상을 광장 중앙에 세우려는 프로젝트는 성공적으로 이루어져 조각가 쥘 달루는 20년에 걸쳐 동상을 제작했다. 두 마리의 사자가 끄는 전차에 올라선 이 공화국에 우화적인 상징인 '공화국의 승리 Triomphe de la République'는 생 앙투안 지구를 바라보고 있다. 이 방향은 우연이 아니라 바스티유가 점령당했을 때 군대의 대부분을 제공한 가구 제작자와 노동자들이 반란을 일으킨 이 지역에 대한 경의를 표하는 것이었다.

고블랭 제조 공장
MANUFACTURE DES GOBELINS, 13구

고블랭은 15세기 샹페인 지방의 염색 전문 가문이었다. 파리에서의 상업적 성공으로 부유해져 20세기 초 도시를 따라 나 있는 센강 지류인 비에브르 강변에 대규모 부지를 매입했다. 원래 고블랭 집안은 태피스트리를 생산하지 않았다! 그러나 그들은 이 지역에 자리 잡은 소명을 정의해 나갔다. 16세기에 앙리 4세가 재능 있는 플랑드르 태피스트리 장인들을 이 지역으로 끌어들인 것이다. 그 후 루이 14세는 콜베르의 영향을 받아 왕립 고블랭 제조 공장을 설립했다. 18세기까지 왕실의 공식 주거지에 놓는 모든 태피스트리가 이곳에서 만들어졌다. '고블랭'이 찍힌 작품은 유럽의 모든 궁정에서 완벽함의 대명사였으나 안타깝게도 이 공장을 유지하는 데는 많은 비용이 들었다. 나폴레옹 1세의 원조만으로는 파리 공방을 살리기에는 역부족이었다. 1825년, 다소 덜 유명한 작품들은 보베로 옮겨졌다. 파리에 남은 유일한 직기는 1.2미터의 태피스트리를 짜는 데 1년이 걸리는 '오트 리스haute lice' 직기뿐이었다. 1966년 로데브에 고블랭 별관이 문을 열었고, 이곳에서 아르키harkis* 여성들의 기술이 사용되었다. 1937년 모빌리에 나시오날*이 된 고블랭은 이후 저명한 예술가들이 디자인에 참여했다.

---

* harkis : 1954년부터 1962년까지 알제리 전쟁 동안 프랑스군에서 조력자로 복무한 원주민 무슬림 알제리인을 가리키는 일반적인 용어인데 전쟁 중에 프랑스 알제리를 지원한 모든 알제리 무슬림에게 적용되기도 한다.
* Mobilier national : Gobelins Manufactory와 Beauvais Manufactory를 관리하는 프랑스 법정 기업으로 문화부의 감독을 받고 있다.

뷔트오카유
BUTTE-AUX-CAILLES, 13구

63.3미터 높이의 뷔트 지역은 비에르강을 내려다보고 있다. 1543년 덩굴과 풍차로 덮인 이 언덕을 구입한 피에르 카유의 이름을 따서 이런 이름이 붙었다. 마을이 생겨나면서 장인, 세탁업자, 염색업자, 무두장이들이 강물을 이용해 공장을 세우자 오염을 일으켰다. 비에르강의 오염이 심해지자 1828년, 정부는 이곳을 매립하기로 결정했다. 1863년, 과학자이자 정치가인 프랑수아 아라고는 현재 베틀렌 광장에 위치한 자분정(샘물이 자연적으로 솟아나는 우물)을 파서 뷔트 주민들에게 수돗물을 공급하는 아이디어를 냈다. 하지만 기술적인 문제와 행정적인 문제로 인해 사업이 지연되었다. 1904년 마침내 28°C의 아름다운 물이 솟아났을 때, 이미 대부분 덮여 있던 비에르강은 더 이상 물을 흡수할 수 없었다. 하지만 이 우물 공사가 무용지물이 되지 않은 까닭은 1924년부터 일 년 내내 야외에서 수영을 즐길 수 있는 뷔트 오 카유 수영장에 물을 공급하기 때문이다. 뷔트는 1860년 파리에 합병되기 전까지 장티이 지방 자치 단체의 일부였지만 외관은 거의 변하지 않았다. 석회암 하층 토양으로 이루어져 있어 무거운 건물을 지을 수 없는 취약성 덕분에 이 구식 마을은 보존되어 왔다.

당페르 로슈로 광장
PLACE DENFERT-ROCHEREAU, 14구

당페르 로슈로 광장이 되기 전 이곳은 앙페르 광장이라는 이름으로 알려졌다! 이 이름은 파리의 중세 성벽에 있는 철문을 암시하거나 다른 역사가들에 따르면 이 장소의 나쁜 평판을 의미하기도 했다. 18세기에는 관세 기관의 하나로서 앙페르 성벽에 있는 시출입 세관에서 세금을 징수했다. 클로드 니콜라 르두가 설계한 파리 입구의 양쪽에 있는 두 개의 건물은 그대로 남아 있다. 한 건물에는 파리 지하 묘지 입구가 있다. 광장 중앙에는 뉴욕 자유의 여신상을 디자인한 프레데릭 오귀스트 바르톨디의 사자상이 있는데, 벨포르에 있는 그의 기념비적인 조각품의 1/3만 복제한 것이다. 원본은 1870~1871년 프로이센에 맞서 동부 도시를 용감하게 지킨 당페르 로슈로 대령에게 경의를 표하기 위한 것이다. 1879년 광장은 이 영웅의 이름을 따서 지어졌다. 광장 바로 옆에는 1846년에 문을 연 파리에서 가장 오래된 기차역인 파리-당페르 역이 있다. 남쪽의 인근 마을에서 오는 쏘^{Sceaux} 라인 이용객들은 이 광장에 있는 여러 트램 중 하나를 타고 수도의 중심부로 이동했다.

인터내셔널 유니버시티 시테
CITÉ INTERNATIONALE UNIVERSITAIRE, 14구

전 세계에서 온 학생과 연구원을 위한 이 주거 단지는 광활하고 아름다운 공원에 자리 잡고 있다. 1920년 언론인이자 공직자, 교육부 장관, 헌신적인 평화주의자였던 앙드레 오노라가 설립했다. 1925년에 문을 연 첫 번째 '집'은 오노라의 프로젝트를 지원한 알자스 사업가들에게 경의를 표하기 위해 루이즈 에 에밀 도이치 드 라 뫼르트^{Louise-et-Emile-Deutsch-de-la-Meurthe} 재단으로 명명되었다. 이곳의 스타일은 영국 대학 기숙사를 연상시킨다. 1969년까지 추가된 파빌리온은 후원자나 정부의 재정 지원을 받았는데 장소의 매력을 더하는 건축 패치워크를 제공한다. 미국 재단(1929)은 아르데코 인테리어가 특징이고, 일본 하우스(1929)와 동남아시아 하우스(1930)에는 파고다 지붕이 있다. 스페인 대학(1937)은 이베리아 궁전의 엄격함이 느껴지며 모로코 하우스(1953)에는 색색의 도자기로 장식된 파티오가 있다. 르 코르뷔지에와 루치오 코스타가 설계한 브라질 하우스(1957)는 모더니즘의 걸작이다. 포르투갈 칼루스트 굴벤키안 재단이 설계한 앙드레 드 구베이아 저택(1967)의 대담한 건축물에는 1971년 제롬 사바리의 그랜드 매직 서커스가 데뷔한 극장이 자리하고 있다. 이 미니어처 지구에는 약 140개 국적의 사람들이 살고 있다. 2012년 기록을 보면 이 시테는 20만 명이 넘는 행복한 주민들을 맞이했다.

몽수리 공원
PARC MONTSOURIS, 14구

이 영국식 공원은 나폴레옹 3세가 시민들에게 수도 파리의 사방에 녹지 공간을 제공하려는 의지에서 비롯되었다. 남쪽의 경우 별로 선호하지 않는 몽수리 채석장 부지를 선택했다. 이 부지의 이름은 16세기로 거슬러 올라가는데, 쥐가 밀이 아닌 돌을 분쇄했기 때문에 "모크수리"라는 별명을 가진 제분소가 있었기 때문인 것으로 추정된다. 1860년 파리 정원을 설계한 엔지니어 장 샤를 알팡의 지휘 아래 공사가 시작되었다. 1780년 이노센트 공동묘지가 폐쇄되면서 채석장으로 운반된 수많은 뼈를 먼저 치워야 했다. 그런 다음 취약한 지반을 다지는 작업이 이어졌는데, 이 작업은 쏘라인의 레일과 내부 순환도로의 통과로 인해 복잡해졌다. 그러나 아크레이 수로가 가까워지면서 폭포와 호수가 만들어졌고, 나중에 섬도 생겼다. 1869년 공원에는 바르도 궁전이 지어졌다. 1867년 만국박람회에서 튀니지를 대표했던 이 파빌리온은 튀니스 왕가의 여름 별장을 재현한 것이었는데 1974년까지 천문대로 사용되었다. 후일 복원될 예정이었지만 1991년 화재로 소실되고 말았다. 몽수리 공원에는 여러 가지 많은 매력적 요소가 있다. 과거 '나태의 정원'으로 알려진 유리 지붕의 정자, 19세기와 20세기 조각상, 멋진 나무, 이곳에 머무는 것을 좋아하는 아름다운 다양한 새 등이 그것이다.

트로카데로 궁전
PALAIS DU TROCADÉRO, 16구

샤이요 언덕에 서면 파시 채석장이 내려다보인다. 앙시앵 레짐 시대에는 농부와 포도 재배자들이 경사면을 경작했고, 귀족과 중산층은 높은 지대를 차지했다. 한때 수녀원으로 개조된 성이 있었지만 혁명 기간에 파괴되었다. 센강이 내려다보이는 이 웅장한 장소는 수많은 건축 프로젝트에 영감을 주었는데, 나폴레옹 1세의 아들을 위한 궁전과 황제의 무덤 계획 등이 해당된다. 1867년 만국박람회는 1823년 스페인에서 프랑스가 승리한 날의 이름을 딴 트로카데로 궁전을 언덕 위에 건설하는 계기가 되었다. 무어풍의 영향을 받은 이 궁전은 행사 후에 남아 있지 않을 예정이었지만 보존되어 프랑스 기념물 박물관, 그리고 다시 프랑스 최초의 민족학 박물관이 들어섰다. 그러다 결국 1937년 현재의 샤이요 궁전을 만들기 위해 철거되었다. 국제 예술·기술 국제 박람회를 위해 지어진 새 건물은 구 건물과 같은 구조를 취했지만 가운데에 에펠탑을 바라보는 광장을 만들었다. 이 신고전주의 양식은 히틀러를 매료시켰다. 아이러니하게도 이 건물은 전쟁이 끝난 후 1948년 세계 인권 선언이 채택된 유엔의 첫 번째 본부가 되었다. 이 궁전은 2005년 베르시로 이전하기 전까지 시네마테크 프랑세즈의 본거지이기도 했다. 지금은 여러 박물관이 들어서 있다. 한편, 광장은 1985년에 인권 광장으로 개명되었다.

불로뉴 숲
BOIS DE BOULOGNE, 16구

7세기 다고베르 왕이 이곳에서 곰을 사냥하던 시절, 불로뉴는 샤빌과 뫼동의 숲, 생제르맹-앙-레이와 몽모랑시의 숲과 함께 하나로 연결되어 있었다. 그 이름은 필립 공이 불로뉴 쉬르메르로 성지 순례를 마치고 돌아와 지은 노트르담 드 불로뉴 라 프티트 예배당에서 유래했다. 산적들의 소굴이었던 이곳은 프랑수아 1세 때 축제의 장소가 되었다. 르네상스 시대 탐미주의자였던 이 기사왕은 이곳에 지금은 사라진 마드리드 성을 지었다. 18세기에 루이 16세는 숲의 일부에 울타리를 쳐서 사냥을 할 수 있게 했다. 불로뉴 숲은 혁명 이후 다시 공공 소유가 되었고, 1852년 국가에 의해 파리시로 양도되었다. 그 후 수도에 녹지 공간을 조성하기로 한 나폴레옹 3세는 오스만 남작에게 숲의 개발을 맡겼다. 그는 이 작업을 위해 충실한 협력자들, 즉 엔지니어 장 샤를 알팡, 조경가 장피에르 바리에 데샹, 그리고 수많은 정자와 별장, 식물원을 디자인한 건축가 가브리엘 다비우를 주변에 두었다. 이곳은 파시 지하수 우물이 가까워 폭포, 강, 인공 호수를 만들 수 있었다. 1858년에 롱샹 경마장이 완공되면서 불로뉴 숲은 승마로를 갖춘 세련된 만남의 장소가 되었다. 846헥타르에 달하는 면적 중 390헥타르가 천연림인 불로뉴 숲은 여전히 시골에 온 듯한 착각을 불러일으킨다.

사크레 쾨르 성당
BASILIQUE DU SACRÉ-COEUR, 18구

이 놀랍도록 하얀 바실리카는 2세기 파리 최초의 주교였던 생 드니가 순교했다고 전해지는 몽마르트르 언덕에서 파리를 내려다보고 있다. 1534년 이냐시오 데 로욜라와 그의 동료들이 이곳에 모여 예수회를 설립한 곳이기도 하다. 따라서 이곳은 가톨릭의 색체가 강하게 남아 있다. 1870년, 부르주아와 성직자들이 이곳을 이용해 성심 대성당 건설 계획을 추진했다. 당시 교회는 스당^{Sedan} 전투에서의 패배, 제2제국의 몰락, 제3공화국의 선포가 도덕적 가치관의 해이함 때문이라고 비난했다. 교회의 목표는 프랑스 대혁명 이후 100년 동안 무너진 도덕적 질서를 회복하는 것이었다. 1년 후, 파리 코뮌은 권력자들을 두려움에 떨게 했다… 이에 세속주의 지지자들의 항의에도 불구하고 1873년 국회가 바실리카를 공공시설로 선언하는 투표를 할 수 있는 모든 준비가 완료되었다. 동시에 파리 대주교는 몽마르트르 마을 주민들을 수용할 수 있는 권한을 얻었다. 이후 신자들에게 국가적 모금이 시작되었다. 1919년 성당이 봉헌된 이래로 예수님의 성심에 대한 숭배는 영구적인 특징이 되었지만 매년 이곳을 찾는 수백만 명의 방문객은 몽마르트르 카바레에 훨씬 더 많은 관심을 보인다.

몽마르트르
MONTMARTRE, 18구

나폴레옹 3세가 결정한 파리 확장으로 몽마르트르의 독립 코뮌은 두 개로 나뉘어 한 곳은 생투앙에, 나머지는 18구에 속하게 되었다. 매우 인기 있는 지역이었던 몽마르트르는 반항 정신을 잃지 않았다. 바로 이곳에서 1871년 코뮌 봉기가 시작되었다. 19세기 초부터 몽마르트르는 테르트르 광장을 자주 찾았던 예술가들의 산실이기도 했다. '메두사의 뗏목'을 그린 제리코는 몽마르트르에서 생을 마감했으며 르누아르, 드가, 툴루즈 로트렉의 모델이 된 수잔 발라동은 이곳에서 아들 모리스 우트리요를 낳은 후 자신의 재능을 드러냈다. 또한 반 고흐는 여기서 고갱을 만났다. 1907년 피카소가 혁명적인 '아비뇽의 여인들'을 발표해 모두를 놀라게 한 바토 라부아르 스튜디오가 문을 열면서 20세기 초반에는 예술적 삶이 한창 꽃을 피웠다. 1920년, 입체파와 다다이스트는 몽마르트르 자유 코뮌의 첫 선거에서 각자의 명단을 가지고 출마했다. 하지만 포스터 아티스트 폴보가 이끄는 반(反)고층건물주의자들이 승리했다. 새로운 시장이 된 만화가 데파키는 즉시 크루트 전시회를 창설해 많은 예술가에게 이름을 알릴 기회를 제공했다. 1930년 몽마르트르 주민들은 도시화로부터 언덕을 보호하기 위해 포도밭을 경작했다. 해마다 포도 수확기인 10월에 열리는 와인 시음회에서는 늘 몽마르트르 생산 와인을 맛볼 수 있다.

물랭 드 라 갈레트
MOULIN DE LA GALETTE, 18구

실제로 물랭 드 라 갈레트는 한 곳이 아니라 1622년에 지어진 블뤼트팽과 1717년에 지어진 라데, 두 곳이다. 이들은 한때 몽마르트르 언덕을 장식했던 14개의 풍차 중 유일하게 살아남았다. 19세기 초, 소유주인 드브레이 가문은 '갈레트'라는 작은 메밀 빵을 판매했다. 1830년대에 제분업을 포기한 이 가문은 방앗간 정원을 갱게트로 개조해 드브레이 무도회를 탄생시켰다! 1809년 이후 르픽 거리는 언덕 꼭대기로 이어지던 진흙길을 대체하여 이 새로운 파티 장소로 쉽게 이동할 수 있게 되었다. 드브레이 무도회는 즉각적인 성공을 거두었다. 파리 서쪽에서 온 사람들이 일요일마다 축제에 와서 지역 주민들과 어울렸다. 처음에는 야외에서 춤을 추었지만 나중에는 무도회가 홀 안으로 옮겨졌다. 툴루즈 로트렉이 스케치한 프랑스캉캉 춤의 스타 라 굴뤼, 니니 파트, 발렌틴 르 데소세 등이 이곳에서 데뷔했다. 물랭 드 라 갈레트라는 비공식 이름은 1895년에 공식 명칭이 되었다. 1876년 르누아르, 1900년 피카소, 1904년 반 동겐이 무도회의 즐거운 분위기를 불멸의 명작으로 남겼다. 하지만 제1차 세계대전으로 무도회의 환희는 끝이 났다. 이후 두 공장에는 음악당과 ORTF 스튜디오가 들어섰으며 1958년에 역사 기념물로 등재되었다. 오늘날에는 물랭 드 라 갈레트라는 이름을 딴 미식 레스토랑이 자리하고 있다.

뷔트 쇼몽 공원
PARC DES BUTTES-CHAUMONT, 19구

루이 나폴레옹 보나파르트는 런던에서 망명 생활을 하는 동안 빅토리아 여왕이 만든 도시 개발 사업에 감탄했다. 1851년 나폴레옹 3세가 된 후 그는 파리를 재건하기 시작했다. 그의 작업 목표 중 하나는 노동 계급을 외곽으로 밀어내는 것이었다. 파리의 주요 지점 네 곳에 공원을 설치하기로 결정함으로써 황제는 수도에 숨통을 틔웠고, 무엇보다도 중심부에 치안이 유지되도록 했다. 이 야심찬 황실 프로젝트의 일환으로 엔지니어 장 샤를 알팡은 최근 사용되지 않는 뷀빌 채석장에 위치한 동쪽 언덕의 개발을 주도했다. 루이 13세까지 사용되던 몽포콩 교수대는 어두운 기억만 남긴 장소였는데 뷔트 쇼몽은 삶의 즐거움에 대한 찬사가 되었다. 19세기 후반에 다시 유행한 로코코 양식을 채택한, 파리에서 가장 가파른 이 공원은 중앙에 높은 섬이 있는 호수 주변에 배치되어 있으며, 그 위에 정자가 자리하고 있다. 울창한 초목과 미로 같은 길, 다리와 바위는 야경을 즐기기 위해 울타리를 뛰어넘던 초현실주의자들의 마음을 사로잡았다. 두 차례의 전쟁 가운데 끼인 이 예술가들은 작가 에르 수베스트르와 마르셀 알랭이 공원 근처의 무자이아 거리에 은신처를 둔, 그들이 가장 좋아하는 영웅 중 한 명인 판토마스와 마주쳤을 수도 있을 것이다.

페르 라셰즈 묘지
CIMETIÈRE DU PÈRE-LACHAISE, 20구

중세 시대, 묘지가 있는 언덕은 파리 주교구에 속해 있었는데 당시 여기서는 포도밭을 경작했다. 17세기, 소유주인 예수회는 이곳을 휴양 시설로 만들었다. 단골 방문객 중에는 루이 14세의 고해신부였던 프랑수아 댁스 드 라 셰즈가 있었는데, 그는 페르 드 라셰즈라고 불렸다. 1762년에 버려진 시설은 1802년 파리 시의회에서 인수했다. 이 매입은 수도 주변에 묘지를 조성하는 프로젝트의 일환으로 북쪽의 몽마르트르, 남쪽의 몽파르나스, 서쪽의 파시에 이어 동쪽에는 이곳에 묘지가 문을 열었다. 새로운 묘지의 설계는 증권거래소의 건축가인 테오도르 브로니아르가 맡았다. 1804년에 개장한 페르라셰즈에는 풍부하게 식재된 넓은 산책로를 갖추고 있었지만 파리 시민들은 그다지 평판이 좋지 않은 곳에 마지막 안식처를 마련하는 것을 꺼려했다. 그러자 파리 시청은 기발한 아이디어를 냈는데 1817년에 엘로이즈와 아벨라르, 몰리에르와 라 퐁텐의 무덤을 이곳으로 옮겼고, 그러자 그곳에 묻히는 것은 매우 특별한 일이 되었다. 오늘날, 매년 200만 명의 산책객이 43헥타르에 달하는 이 공원을 방문하는데 여기에는 7만 개의 무덤이 있고 몇몇은 그 규모가 무척 크다. 이곳에 묻힌 유명인 중에는 가수 짐 모리슨과 영성주의의 아버지 알란 카르덱이 가장 많은 방문객을 맞이하고 있다.

메닐몽탕
MÉNILMONTANT, 20구

13세기의 문서에는 "악천후 별장"인 메스닐리움 모텐츠 마을이 언급되어 있는데, 이 이름은 3세기 후 가파른 언덕에 자리 잡은 이 지역에 더 적합한 이름인 메스닐 몽탕(오르는 메스닐)으로 바뀌었다. 루이 14세 통치 기간에 재무장관 미셸 르 펠레티에는 수도에서 매우 가까운 이 시골의 매력에 빠져들어 메닐몽탕 성을 이곳에 지었다. 18세기에 이 마을은 초기 무도회 문화와 함께 훨씬 덜 격식을 차린 군중을 끌어모았다. 파리 외곽에 위치한 이곳은 도시 세금이 부과되지 않아 와인을 더 저렴하게 판매할 수 있었다. 프랑스 혁명 당시, 클로드 샤프의 전신기가 성 공원에 설치되면서 메닐몽탕에 그 흔적을 남겼다. 그러나 전신기가 탕플 감옥에 갇힌 왕실 가족에게 메시지를 보내고 있다고 믿은 주민들이 이 이상한 장치를 파괴했기에 오래가지 못했다. 당시 메닐몽탕은 1860년 파리에 합병된 벨빌 코뮌의 한 교구에 불과했다. 그 후 1871년 코뮌에서부터 레지스탕스까지, 이 인기 있는 지역에 반란의 바람이 계속 불었다. "주민들이 붙인 별명인 '메닐뮈슈'는 아리스티드 브뤼앙, 샤를 트레네, 최근에는 카미유와 같은 스타가 탄생한 프랑스 샹송의 요람이기도 하다.

파리 지하철
LE MÉTROPOLITAIN

19세기 중반, 파리의 교통은 지옥과도 같았다! 엔지니어들은 다소 무리한 프로젝트를 시 당국에 제시했지만, 시 당국은 결정을 내리지 못했다. 1900년 만국박람회가 다가오자 파리는 결정을 내릴 수밖에 없었고, 1897년 퓔장스 비엥브뉘가 제안한 전기 견인 차량 시스템이 채택되었다. 포르트 드 뱅센에서 포르트 마이요까지 이어지는 1호선 지하철 공사는 1898년 10월에 시작되었다. 파리는 거대한 건설 현장이 되었다. 터널을 파고 육교를 건설해야 했을 뿐만 아니라 폐기물을 제거해야 했고 하수도의 경로를 변경해야 하는 경우도 많았다. 파리는 토목 공사를 담당했고, 파리철도공사(CMP)는 장비와 운영을 담당했다. 아르누보의 거장 건축가 엑토르 기마르는 입구의 장식물을 만들었다. 1900년 7월 첫 번째 구간이 개통되자마자 큰 성공을 거두었다. 그 후 CMP는 다른 노선도 예정보다 앞당겨 개통했다. 남북으로 달리는 4호선은 센강을 건너는 것을 의미했다. 이 문제는 케이슨(잠함)을 사용해 해결했다. 굴착기들은 때때로 혁명 당시 파괴된 감옥 성벽의 일부인 바스티유 성벽에서 발견되기도 했다. 지하철 노선은 1930년대까지 개발되었고 1948년 국유화되었으며 1960년부터는 교외로 점점 더 확장되었다.

파리의 구획
LES ARRONDISSEMENTS DE PARIS

1795년, 정부는 파리를 12개의 구로 나누었다. 당시 수도는 '농세 징수자들의 벽'에서 끝났다. 이 관세 경계는 1841년부터 '티에르 성벽'이라 불리는 새로운 경계로 대체되었는데, 이는 24개의 자치 지역사회를 포함하게 되었다. 1860년, 더 큰 파리를 꿈꾸던 나폴레옹 3세는 이들 모두를 합병하기로 결정했다. 따라서 파리는 크게 확장되어 20개의 구로 나뉘었다. 남은 것은 각 구에 번호를 부여하는 것뿐이었다. 서쪽에서 동쪽으로, 북쪽에서 남쪽으로 처음 12개 구에 채택된 분포를 따르자니 현재의 16구에는 나폴레옹 3세의 정책 기반인 지역 부르주아들의 불쾌감을 살 수 있는 불행한 숫자 13이 붙는다는 문제가 발생했다. 파시 시장이 해결책을 내놓았다. 그는 시테 섬 북쪽에 있는 파리의 역사적인 중심지에 숫자 1을 붙이는 '달팽이' 번호 체계를 고안해 냈다. 번호 매기기는 시계 방향으로 진행된다. 당시 파리는 기념물이 많고 인구가 적은 활기찬 중심부, 공기가 좋고 부유한 서쪽, 노동 계급이 많고 인구가 많은 동쪽 등 전체적으로 오늘날 우리가 알고 있는 도시와 닮아 있었다. 하지만 오늘날과 달리 각 구는 독특한 개성을 지니고 있다. 각 자치구 안에는 서로 다른 정체성이 연속적으로 존재한다. 1860년 이후 파리는 엄청나게 변했지만, 현실은 그대로이다.

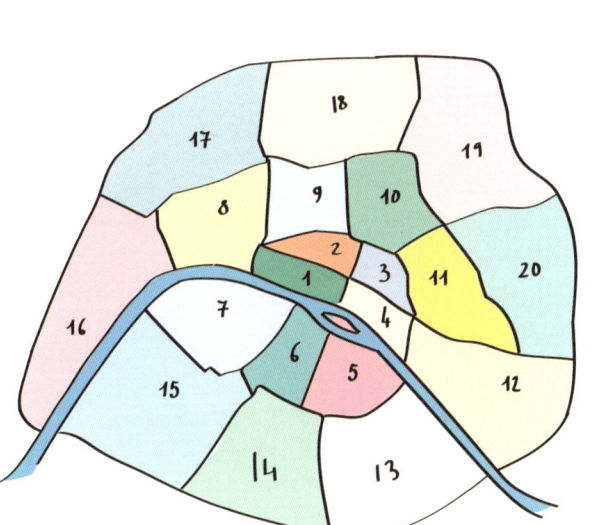

파리 연대기

기원전 10년경 : 파리의 갈루아가 최초의 주화 제조.

기원전 53 : 로마인이 승리한 루테티아 전투. 도시는 갈로-로마가 된다.

300경 : 루테티아가 파리가 되다.

451 : 미래의 성녀 주느비에브, 파리 시민들에게 아틸라의 훈족에 저항 촉구.

508 : 프랭크 클로비스, 파리를 왕국의 수도로 삼음.

1163 : 노트르담 대성당 건설 시작.

1190-1220 : 필립 아우구스투스 왕, 파리 주변에 요새화된 성벽 새로 축조. 루브르 박물관 건축 결정.

1253 : 로베르 드 소르봉, 소르본 대학 설립.

1357 : 상인 담당 관료 에티엔 마르셀, 미래의 시청 광장인 그레브 광장에 마을 의회 설립.

1572 : 신교도들을 상대로 가톨릭 지도자들이 조직한 성 바르톨로메오 축일의 학살.

1720 : 파리의 도로 이름이 표지판에 표기됨.

1784-1790 : Fermiers généraux(세금 징수 기관) 설립.

1789.7.14 : 바스티유 감옥 점령.

1793.1.21 : 루이 16세, 콩코드 광장에서 참수형.

1830.7 : 찰스 10세의 탄핵으로 이어진 폭동.

1832와 1834 : 공화당 봉기 진압.

1834 : 콩코드 광장에서 첫 번째 공공 전기 조명 테스트.

1870.9. : 제공화국 선포.

1871.3.26-5.22. : 티에르 대통령의 군대에 의한 반란군 학살로 끝난 파리 코뮌.

1879 : 전화 통신망 개설.

1889.3.31 : 에펠탑 완공.

1900.7.19 : 뱅센과 포르트 마이요 사이의 첫 번째 지하철 노선 개통.

1910 : 센강의 거대한 홍수로 인해 퐁 드 알마에 있는 주아브의 수염까지 침수.

1918 : 파리, '빅 버사'라는 별명을 가진 독일군의 대포에 포격당함.

1935.7.14 : 1936년 집권한 프롱 포퓰레르 지지자들의 시위.

1940.7.14-1944.8.22 : 나치군의 파리 점령.

1968 : 파리 인트라 무로스는 더 이상 센강 부서의 일부가 아닌 독립적인 부서가 됨.

1977.1.31 : 조르주 퐁피두 국립 예술 문화 센터 개관.

1983-1993 : 루브르 박물관 공사.

2007 : 교통 체증이 심한 파리에 새로운 교통수단인 '벨리브' 등장.

장소 색인(가나다순)

개선문	120	바스티유 광장	132
고블랭 제조공장	138	바토 무슈	114
국립 공예원	42	방돔 광장	34
그랑 불르바르(대로)	124	법원	24
그랑 팔레	108	보주 광장	56
나시옹 광장	136	부르봉 궁전	96
노트르담	58	불로뉴 숲	150
당페르 로슈로 광장	142	뷔트 쇼몽 공원	158
레알	14	뷔트 오 카유	140
레퓌블리크 광장	40	사원 지구	44
루브르 박물관	10	사크뢰 쾨르 성당	152
뤽상부르 공원	80	생 베르나르 부두	74
르 봉 마르셰	98	생 자크 탑	54
리옹역	134	생 제르망 데 프레	78
마들렌 성당	116	생트 샤펠	28
메닐 몽탕	162	샤틀레 광장	36
모베르 광장	72	샹 드 마르스	92
몽마르트르	154	샹젤리제	102
몽수리 공원	146	성 위스타슈 성당	16
몽쏘 공원	118	소르본	66
물랭 드 라 갈레트	156	시청	50

시청사 상가	52
알렉상드르 3세 다리	112
앵발리드	94
에콜 데 보자르	84
에펠탑	90
엘리제궁	104
오르세역	100
오텔 드 클리송	48
오페라 가르니에	122
인터내셔널 유니버시티 시테	144
증권 거래소	18
카르나발레 박물관	46
코메디 프랑세즈	22
콩시에르주리	26
콩코드 광장	106
클뤼니 온천장	68
튈르리	12
트로카데로 궁전	148
파리 시립 병원 오텔 디외	60
파리 식물원	76
파리 의과대학	86
파리 지하철	164
팔레 루아얄	20
팔레 브로니아르	38
팡테옹	64
페르 라 셰즈 묘지	160
포르트 생 드니	130
포르트 생 마르탱	128
퐁 마리	62
퐁 생 미셸	70
퐁 뇌프	30
퐁 루아얄	32
프랑스 학술원	82
프렝탕 백화점	126
프티 팔레	110
피티에 살페트리에르 병원	88

찾아가기

1. Le Louvre
2. Les Tuileries
3. Les halles; 230 Rue Rambuteau
4. Église Saint-Eustache; 2 Imp. Saint-Eustache
5. Bourse de commerce; 2 Rue de Viarmes
6. Palais-Royal; 8 Rue de Montpensier,
7. Comédie-Française; 1, Place Colette
8. Palais de justice; 08 Bd du Palais
9. Conciergerie; 2 Bd du Palais
10. Sainte-Chapelle; 10 Bd du Palais
11. Pont-Neuf
12. Pont Royal
13. Place Vendôme
14. Place du Châtelet
15. Palais Brongniart; 16 Pl. de la Bourse
16. Place de la République;
17. Conservatoire des Arts et Métiers;
    292 Rue Saint-Martin
18. Quartier du Temple
19. Hôtel Carnavalet; 23 Rue de Sévigné
20. Hôtel de Clisson; 58 Rue des Archives
21. Hôtel de Ville
22. Bazar de l'Hôtel de Ville
23. Tour Saint-Jacques;
    Square de la Tour Saint-Jacques
24. Place des Vosges
25. Notre-Dame de Paris;
    6 Parvis Notre-Dame
26. Hôtel-Dieu; 6 Parvis Notre-Dame
27. Pont Marie
28. Panthéon; Pl. du Panthéon
29. La Sorbonne
30. Thermes et hôtel de Cluny
    28 Rue du Sommerard
31. Pont Saint-Michel
32. Place Maubert
33. Quai Saint-Bernard
34. Jardin des Plantes
35. Saint-Germaindes-Prés
36. Jardin du Luxembourg
37. Institut de France;
    23 Quai de Conti
38. École des Beaux-Art
    14 Rue Bonaparte,
39. École de médecine; 16 Rue Bonaparte
40. Hôpital de La Pitié-Salpêtrière
41. Tour Eiffel
42. Champ-de-Mars
43. Hôtel des Invalides
44. Palais Bourbon; 126 Rue de l'Université
45. Le Bon Marché ; 24 Rue de Sèvres
46. Gare d'Orsay ; Esplanade Valéry Giscard d'Estaing
47. Champs-Élysées
48. Palais de l'Élysée; 55 Rue du Faubourg Saint-Honoré
49. Place de la Concorde
50. Grand Palais
51. Petit Palais
52. Pont Alexandre-III (VIIIe) 112
53. Les Bateaux-Mouches; Pont de l'Alma, Port de la Conférence
54. Église de La Madeleine ; Pl. de la Madeleine
55. Parc Monceau, 35 Bd de Courcelles, 75008 Paris
56. Arc de triomphe
57. Opéra Garnier; Pl. de l'Opéra
58. Grands Boulevards
59. Le Printemps; 64 Bd Haussmann
60. Porte Saint-Martin
61. Porte Saint-Denis
62. Place de la Bastille
63. Gare de Lyon; Pl. Louis Armand
64. Place de la Nation
65. Manufacture des Gobelins ; 42 Av. des Gobelins
66. Butte-aux-Cailles

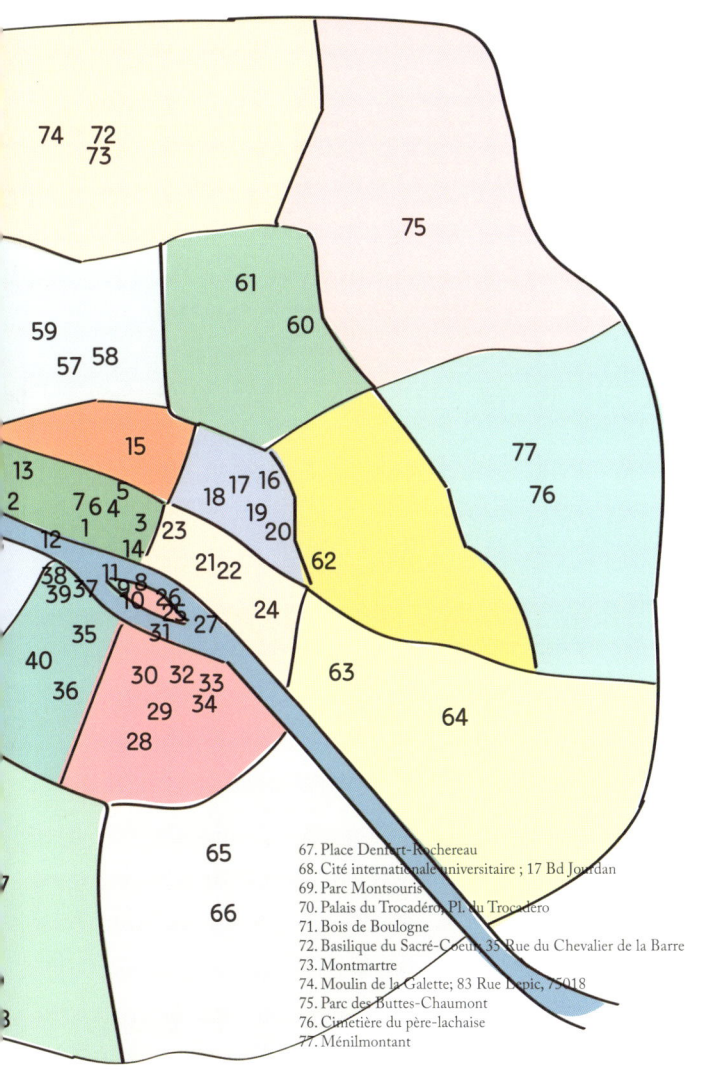

67. Place Denfert-Rochereau
68. Cité internationale universitaire ; 17 Bd Jourdan
69. Parc Montsouris
70. Palais du Trocadéro, Pl. du Trocadero
71. Bois de Boulogne
72. Basilique du Sacré-Coeur, 35 Rue du Chevalier de la Barre
73. Montmartre
74. Moulin de la Galette; 83 Rue Lepic, 75018
75. Parc des Buttes-Chaumont
76. Cimetière du père-lachaise
77. Ménilmontant

Original title : *Paris*
Author : Dominique Foufelle (text), Valérie Leblanc (illustrations)
© Hachette Livre (La maison Hachette Pratique), 2024
Published by arrangement with Bestun Korea Agency.
Korean Translation Copyright © ESOOP Publishing Co. Ltd., 2025
All rights reserved.

이 책의 한국어판 저작권은 베스툰코리아 에이전시를 통해 이루어진
저작권자와의 독점계약으로 이숲에 있습니다.
저작권법에 의해 한국 내에서 보호를 받는 저작물이므로
무단전재와 무단복제를 금합니다.

PARIS(파리) 1판 1쇄 발행일 2025년 7월 1일 **글** 도미니크 푸펠 **그림** 발레리 르블랑
옮긴이 김미리 **펴낸이** 김문영 **펴낸곳** 이숲 **등록** 2008년 3월 28일 제2020-000067호
주소 경기도 파주시 산남로107번길 86-17 **전화** 031-947-5580 **팩스** 02-6442-5581
홈페이지 www.esoope.com **이메일** esoope@naver.com **SNS** @esoop_publishing
ISBN 979-11-91131-87-1 00920 ⓒ 이숲, 2025, printed in Korea.